[德] 弗里德里希·威廉·尼采 著

李晶浩 译

教育何为

Über die
Zukunft unserer
Bildungs-Anstalten

北方联合出版传媒(集团)股份有限公司
万卷出版有限责任公司

ⓒ 弗里德里希·威廉·尼采 2024

图书在版编目（CIP）数据

教育何为 / (德) 弗里德里希·威廉·尼采著；李晶浩译. -- 沈阳：万卷出版有限责任公司, 2024.1

ISBN 978-7-5470-6305-7

Ⅰ.①教… Ⅱ.①弗… ②李… Ⅲ.①教育—研究
Ⅳ.①G4

中国国家版本馆CIP数据核字（2023）第126369号

出 品 人：王维良
出版发行：北方联合出版传媒（集团）股份有限公司
　　　　　万卷出版有限责任公司
　　　　　（地址：沈阳市和平区十一纬路29号　邮编：110003）
印 刷 者：辽宁新华印务有限公司
经 销 者：全国新华书店
幅面尺寸：145mm×210mm
字　　数：100千字
印　　张：7
出版时间：2024年1月第1版
印刷时间：2024年1月第1次印刷
责任编辑：王　越
责任校对：张　莹
封面设计：仙　境
版式设计：李英辉
ISBN 978-7-5470-6305-7
定　　价：38.00元
联系电话：024-23284090
传　　真：024-23284448

我亲爱的朋友，最近我收到苏瑟米①教授的来信，询问我是否愿意接受格莱瓦德大学的教授席位，但我为了你的缘故，谢绝了这个邀请，并向他推荐了你。这件事目前是否有进展？我已将此事交由利贝克②教授处理。在这里，这件事已经

---

① 苏瑟米（1826—1901），古典语文学家，德国格莱瓦德大学教授，代表作为《亚历山大时期希腊文学史》。

② 利贝克（1827—1898），古典语文学家，德国基尔大学教授，代表作为《共和国时期罗马文学史》。

在圈子中传开，引起了巴塞尔人对我的强烈好感。虽然我抗议说这不是一个正式聘任，只是一个初步问询，但学生们还是决定为我举行火炬游行，以表达他们对我在巴塞尔迄今为止的工作的高度赞赏和尊重。不过我拒绝了这个游行。现在我在这里以"论我们教育机构的未来"为题发表演讲，并取得了"轰动效应"，一度点燃人们的极大热情。

——弗里德里希·尼采

于 1872 年 1 月 28 日写给厄文·罗德①的信。

---

① 厄文·罗德（1845—1898），古典语文学家，德国海德堡大学副校长。首次运用比较宗教学理论研究古代文明，将黑暗的冥府灵魂宗教与明亮的奥林匹克众神崇拜作对比，代表作为《希腊人的灵魂崇拜》。

目 录

序 言

　　我给我的演讲所拟的题目，正如任何标题必须做到的那样，应当尽可能明确、清晰、简洁有力。然而，我现在清楚地发现，由于过分明确，这个题目变得太过简短，其含义反而显得不那么清晰。所以首先，我必须向我所尊敬的听众解释这个题目，并且解释本演讲的任务，在必要时，还要请求各位的包涵。当我许诺谈论我们的教育机构的未来之时，我所想到的，首先完全并非我们巴塞尔的教育机构的具体发展与未来。虽然看

起来我的许多一般性论断的确可以用我们本地的
这些教育机构作为例证，但我并不愿使用这类例
证，也不想承担为类似例证辩护的责任。这是因
为，一方面，我认为自己对本地情况太过陌生，缺
乏经验，远未达到在本地环境中牢牢扎根的程度。
所以，我无法正确评断这里的特殊教育体制和形
态，更无法满有把握地预测它的未来。另一方面，
我愈发清楚地意识到，我正在何处进行这些演讲：
在这样一个城市，这个城市以一种具有非凡意义
的、令许多大国惭愧的规模，努力促进着市民的人
文教育和基础教育。所以，当我假设——在为这些
事业付出更多行动的地方，人们对这些事业也思考
得更多——我决不会出错。我的愿望、我演讲的前
提，恰恰是与这个地方的听众进行思想和精神上的
交流。这些听众对基础教育和人文教育的问题进行
过思考，同时，他们也愿意用行动来促进他们确信

是正确的事业。唯有在这样的听众面前——尽管任
务艰巨且时间有限——我才能让自己得到理解。这
是因为，他们能立刻领会我只作暗示的内容，补上
我不得不隐讳的信息，他们需要的，仅仅是提醒，
而不是教导。

　　所以，我完全拒绝被看作是巴塞尔学校教育
问题的一名业余顾问，更不认为自己有能力从当
今各文明民族的整个视野出发，来预言教育和教
育手段的未来；在如此巨大的视野范围内，我的
眼睛会失明，就像在太近的地方它什么也看不清
一样。因此，我所理解的我们的教育机构，既非
巴塞尔特有的教育模式，也非最广泛的、涵盖各
个文明民族现状的种种模式，而是德国的公共教
育机构，这是我们在这里也能享有的教育模式。
这些德国公共教育机构的未来应当是我们所关心
的，即德国国民学校、德国实科中学、德国文理

中学、德国大学的未来。在与此相关的问题上，我们应当彻底摒弃所有竞争比较与价值评判，尤其是要提防虚荣浅薄的妄自尊大，仿佛我们的状况对其他文明民族而言，乃是无可超越的普遍典范。说明这一点已经足够：这些教育机构是将我们塑造成型的学校，它们并非偶然地与我们联系在一起，不是像长袍那样披在我们身上，而是像矗立在我们面前的一座鲜活的纪念碑，展现着诸多重要文明运动。它们在某些情形下甚至宛如"传世之宝"，把我们与民族的过去联结在一起。它们从根本上堪称神圣可敬的遗产，以至于在我谈论我们教育机构的未来时，我只知道，务必在尽可能接近它们源头的那一个理想精神的意义上，去陈述我的观点。与此同时，我清楚地看到，现今允许对这些教育机构进行的众多变革，以使其成为"合乎时势的"，在大多数情况下，只不过是一些歪扭的笔画，偏离了其创立时的崇高目标。在这方面，我们敢于对未来抱有希望的，乃是德意志精神的普遍复兴、更新和净化，从而使这些机构也能从德意志精神之中获得重生，并且在重生之后，同时呈现古老与崭新的面貌。而现在，它们绝大多数都只要求"时髦"和"合乎时势"。

　　只有在怀抱这种希望的意义上，我才谈论我们的教育机构的未来。这是我必须从一开始就解释以获得听众谅解的第二点。想成为先知是最大的狂妄，所以宣布自己不想成为先知，听起来已经很可笑了。如果不能证明这种未来的教育已经在某种程度上存在，而且只需要传播到更大的范围，以便对学校和教育机构产生必要的影响，那么，任何人都不应该允许自己用预言的腔调，谈论我们的教育的未来，以及与之相关的教育手段和方法的未来。请允许我依据现时代的"脏腑"，就像罗马人的占卜者①所做的那样，来预测未来。
在这种情况下，预测未来，不外乎是向已经存在
的教育的趋向，预言它的必将到来的胜利，即使
它目前不受欢迎，不受尊重，不被广泛传播。但
是，正如我以最大的信心假设的那样，它终将取
得胜利，因为它有最伟大和最强大的盟友——自
然。当然，毋庸讳言的是，现今教育方法的许多
先决条件都具有非自然的特征，我们目前最致命
的弱点正是产生于这些非自然的教育方法。假如
有人感觉与这个现今时代融为一体，并视其为理
所当然，那么我们既不羡慕这种信念，也不羡慕
"理所当然"这个骇人听闻的时髦词。但那些站
到了相反立场上的人如果已经绝望，那就不需要

---

① 拉丁语 haruspex，古罗马宗教中的一种占卜师，通过观察牲畜内脏，
尤其是肝脏和胆汁，来预测未来的事件和神明的意志，是经过训练的
祭司或宫廷神职人员。

再挣扎了，他们只能躲到孤独中去，并且很快就
会真正孤立无援。然而，在这些"理所当然"者
和孤独者之间还有战斗者，也就是满怀希望者。
作为他们中最高贵、最崇高的代表，我们伟大的
席勒立于我们眼前，正如歌德在《钟声·跋》[1]中
对他的描绘：

　　他的脸颊发出红光，越来越红，

　　因为那从未从我们身边飞走的青春，

　　因为那或早或晚，

　　必将战胜这愚钝世界之顽抗的英勇，

　　因为那不断向上的信念，

　　时而大胆地奔涌，时而耐心地依偎，

①《钟声》是席勒发表于 1799 年的一组诗歌，属于德国文学经典，是最
　多被引用和模仿的德国诗歌之一。1805 年席勒去世后，歌德创作长诗
　《钟声·跋》表达对席勒的怀念。

为了使善的事业发挥作用、生长壮大、产生益处，

为了使高贵的人终于迎来得胜的日子。

我尊敬的听众可以把我到目前为止所说的一切理解为一段开场白，其任务仅仅在于形象地解释我的演讲题目，使它不遭受误解，不被无理要求。为了在我演讲的一开始，在从标题过渡到主题内容之时，立即呈现对我们的教育机构进行评估的总体思路，我应当用一个明确的论题作为盾徽，提醒每一个新来者他将进入何人的府第和庭院，假如他在看到这样一个盾徽后，并不倾向于转身离开有着此种标识的府第和庭院。我的论题：

两股看似相反的潮流——其影响同样有害，其结果趋于一致——在我们如今的教育机构中占据着主导地位，这些机构原本建立于完全不同的

基础之上。看似对立的双方，一方追求尽可能地扩大教育，另一方追求减少和削弱教育。根据第一种倾向，教育将被推广到愈来愈大的范围；在另一种倾向的意义上，教育被期望放弃其最高的自我要求，使自己从属于另一种生命形态，即国家这一生命形态。鉴于扩大和减少这两种危险趋势，如果不可能帮助另外两个真正德意志的、总体有着光明前景的对立趋向去赢得胜利——即追求缩聚和集中教育，作为尽可能扩张的对立面；以及追求教育的强化和其自足性，作为削弱与减少的对立面——那么人们只能绝望。然而，我们相信我们有可能获胜。因为我们认识到，这两股扩大和减少教育的潮流与大自然永恒不变的意图背道而驰。教育集中于少数人是大自然的必然规律，是一个普遍的真理，而其他两股潮流只能建立一个由谎言编织的文化。

前　言

　　我所期待的读者必须具备三种品质。他必须
冷静，不急不缓地阅读。他不能总是在阅读中掺
杂进他自己和他所受的"教育"。最后，他一定
不要指望讲座的最后会提供新的列表式指南。我
不承诺为文理中学和实科学校提供列表式指南和
新的课程表，我钦佩那些有能力走完全程的人，
他们从经验主义的深谷攀登到实际文化问题的高
山，再从那里回到最枯燥的规则和最详细的指南
的低地。而我，即使气喘吁吁地爬上了一座雄伟

的山峰，可以在山巅享受更广阔自由的视野，我也永远无法在这本书中满足那些列表式指南的爱好者。

也许我可以看到这样一个时代的到来：在为彻底更新和净化了的人文教育服务时，在共同的工作中，严肃认真的人们将再次成为日常教育——其目标是新的人文教育——的立法者；也许他们会再次需要制作列表式指南。但那是多么遥远的时代啊！而在这个时代到来之前，必然会有什么事情发生！也许在那个时代与现在之间，文理中学将不复存在，甚至大学也将不复存在，或者，至少这些教育机构会发生某种巨大的变化，以至于在后来的人看来，这些教育机构的陈旧的列表式指南就像是石器时代的遗迹。

这本书是为冷静的读者准备的，为那些尚未被卷进滚滚而来的时代车轮，还没有陷入不停奔

忙的人准备的，即为那些被时代的车轮碾过而并
未感到偶像崇拜般快感的人，也就是说，为极少
数人准备的！这些人尚未习惯于根据节省或浪费
了多少时间来评估每件事情的价值，他们"还有
时间"。他们可以坦然地将一天中最富有创造力
的时刻用于思考我们的教育的未来；他们可以相
信，他们能以一种相当有教益和有尊严的方式，
在"思考种族的未来"①中度过一整天。这样的
人还没有忘记在阅读时进行思考，他还能体会深
入字里行间的阅读的奥妙。是的，他不惜把时间
浪费在对他所读的东西进行思考上，甚至是在他
读完书的很长时间之后。不是为了写一篇评论或
另一本书，而是单纯为了思考！该受惩罚的浪费
者！他冷静而放心地和作者一起开始一段漫长的

①拉丁语 meditatio generis future，指对未来社会和人类进步的感性和
哲学性思考。

旅程，行程的终点只有遥远未来的人们才能完全清楚地看到！相反，假如读者激动得跳起来立刻行动，假如他想从当下采摘几代人付出艰辛劳动都得不到的果实，那么我们不得不担心，他似乎没有理解作者。

最后，对读者提出的第三个也是最重要的要求是，在任何情况下，他都不应该以现代人的方式，不停地把自己和自己所受的"教育"带入阅读，仿佛那是可以衡量一切事物的可靠标准。我们希望他有足够的修养来谦虚地甚至轻蔑地看待他所受的教育。然后，他可以信赖地听从作者的引导，因为作者正是从他的一无所知和知道自己一无所知这一前提出发，才敢于这样同他说话。作者所要求的仅仅是，我们对现今德国的野蛮特征心生一种炽热燃烧的强烈感受，也就是感受那种让我们作为 19 世纪的野蛮人与其他时代的野蛮人如此醒目地区别开来的特征。

现在，作者手里拿着这本书，正在寻找那些被相似的感觉冲击与激荡的人。让我找到你们，你们这些散落的人，我相信你们的存在！你们这些无私的人，你们承受着德意志精神堕落的苦难。你们这些沉思者，你们的眼睛不在事物的表面上匆匆拂掠，而是懂得寻找那条到达其核心本质的道路。你们这些拥有雄心壮志的人，亚里士多德曾赞扬你们，你们日复一日地犹豫不决、无所作为，直到巨大的荣誉和伟大的事业向你们发出召唤！①我呼唤你们！这一次不要再躲藏在你那与世隔绝和疑虑重重的洞穴里！至少做这本书的读者吧，为了在这之后，通过你们的行动，将它否定和遗忘！想想吧，这本书注定要成为你们的传令

① 出自亚里士多德《尼各马可伦理学》1124b，第24—26行。

官。但当你们自己身着盔甲出现在战场上时，谁还会想回头看看召唤你们的传令官？

第一次演讲

1872 年 1 月 16 日

我尊敬的听众：

　　您要和我一起思考的这个问题是如此严肃又重要，而且在某种意义上是如此令人不安，以至于我也像您一样，愿意去任何一个承诺会教给我一些东西的人那里，即使他还如此年轻，即使他看起来不可能只凭自己的意愿，只通过自己的努力，就能令人满意地完成相关任务。但他有可能针对我们教育机构的未来这个令人不安的问题听到了一些正确的意见，并想把所听到的说给您听；

他有可能受教于一些重要的老师，他们更合适预言未来，也就是像罗马的占卜者一样，依据现时代的脏腑来做预言。事实上，您可以期待类似的情形。有一次，出于一个略微有些不寻常的原因，我得以亲耳聆听几个奇怪的男人关于这个问题的一场谈话。他们思考的要点和他们探讨这个问题时的整个态度，都深深地烙印在了我的记忆中，以至于每当我思考类似的问题时，我都会不由自主地遵循同样的轨迹。只是，我有时候并不具有他们那样信心十足的勇气，我亲耳听闻他们大胆地说出被禁绝的真理，更大胆地构筑他们希冀的未来，这样的勇气令我惊讶。因此，以书面形式记录他们的谈话愈发显得大有裨益，或许，这个记录能鼓励其他人对这些如此不同凡响的观点与言论做出评判。为此目的，我有特别的理由相信，我可以利用现在这一系列公开演讲的机会。

因为我很清楚，我现在是在什么样的地方，
要把那场谈话推荐给诸位听众来认真思考。我在
这样一个城市，这个城市以一种意义非凡的、令
许多大国惭愧的规模，努力促进着市民的人文教
育和基础教育。所以，当我猜想，在为这些事业
付出更多行动的地方，人们也会思考得更多时，
我的假设绝不会有错。恰恰在这样的听众面前，
当我讲述那场谈话时，我才能被完全理解。他们
能立刻领会我只作暗示的内容，补上我不得不隐
讳的信息，他们需要的，仅仅是提醒，而不是
教导。

现在，我尊敬的听众，请听我讲述那一次略
微有些不寻常的经历，以及那一场相当不寻常的
谈话。

让我们想象一下，一个年轻的大学生会处于
什么样的状态。在当下躁动不安、变幻莫测的种

种潮流中，这样的状态几乎是一种不可思议的东西。人们必须经历过这种状态，才能相信存在一种无忧无虑的悠闲，一种从瞬间中捕捉到的几乎无限的惬意。在这种状态下，我和一位同龄的朋友在莱茵河畔的波恩大学城度过了一年光阴。这一年，由于没有任何的计划和目的，摆脱了所有的未来筹划，以我现在来看，几乎有一种梦幻般的感觉，而这一年往前和往后，都是一段清醒的时期。我们俩都没有受到干扰，尽管我们和一群有着许多不同兴趣和追求的年轻人在一起生活。有时候，我们也感到很难满足或拒绝这些同龄人的太过活泼的要求。这种和反向因素角力的游戏，当我在脑海中想象它时，仍然具有类似于人们梦中所经历的阻碍感，就好像一个人相信自己能飞，却感觉被莫名其妙的障碍物拽了回去。

我和我的朋友在早年的清醒时期，从我们的

文理中学时代开始，就有许多共同的记忆。我必须更详细地描述其中的一段记忆，因为它构成了向我那个略不寻常的经历的过渡。在一次共同的夏末莱茵河之旅中，我和那位朋友几乎在同一时间，同一地点，不约而同地做出了一个相同的计划。正是因为这个如此不同寻常的巧合，我们才感觉必须执行这个计划。当时我们决定成立一个由几位伙伴组成的小团体，目的是给我们在文学艺术创作方面的爱好找一个稳定的、有约束力的组织。简言之，我们每个人必须承诺每个月带来一件自己的作品，无论是一首诗、一篇论文、一幅建筑草图，还是一部音乐作品，所有其他人都有权对其进行朋友间直言不讳的批评。我们相信，我们可以通过相互监督来激发或控制我们追求人文修养的本能。这个想法确实取得了成功，以至于我们始终对那个令我们突发奇想的时刻和地方心怀感激之情乃至神圣庄严的感情。

我们很快就为这种感情找到了合适的表达方式。我们彼此约定，若情况允许，每年的那一天我们都一起去罗兰角附近那个偏僻的地方。我们曾在那时，在夏末，一起坐在那里陷入沉思，然后突然感觉受到了启发，产生了同样的决心。准确地说，这个约定并没有得到足够严格的遵守。但正因为我们未尽义务而良心不安，所以在波恩的那一年里，当我们终于再次长久居住在莱茵河畔时，我们都以最坚定的态度下定决心，不仅要满足我们定下的规则，还要满足我们强烈的感激之情，要在特定的日子，以神圣的方式，重访罗兰角附近的故地。

这对我们来说并不容易，因为正是在这一天，人数众多的、热闹的大学生联谊会给我们带来相当大的麻烦，仿佛拽紧了所有绊住我们的绳索，阻止了我们的"飞行"。我们的大学生协会决定在这个时候进行一次盛大的节庆旅行，共同前往罗兰角，以便在夏季学期结束时确认其全体成员，让他们带着最美好的告别仪式记忆各奔家乡。

那一天的天气堪称完美。至少在我们的气候里，只有夏末时期才会有这样的好天气。天空与大地的气息和谐而静谧地流转，奇妙地混合着和煦的日光、清爽的秋意和无垠的湛蓝。我们组成一支奇装异服的游行队伍——只有大学生才可以享受身着艳丽服装的快乐——登上了一艘为欢迎我们而到处彩旗飘扬的汽船。我们在汽船甲板上插上了我们协会的旗帜。莱茵河两岸不时响起信号枪声，根据我们的约定，枪声应向莱茵河畔的居民——尤其是我们在罗兰角的旅店主人——报告我们到达的消息。我现在不说我们怎样从码头出发，穿过一片新奇而热闹的地区，也不说我们互相不忌讳的、不是每个人都能理解的嬉闹和玩笑。我跳过那场愈来愈活泼，甚至变得狂野的宴会，以及一场令人难以置信的、人人必须参加的音乐演奏会。作为我们协会的音乐顾问，我必须事先排练那些独奏或合奏的曲目，并现场担任指挥。在演奏到有些杂乱、速度越来越快的终曲时，我已经示意我的朋友。号叫般的最后一个和弦一结束，我们便溜到了大门外。在我们身后，一个咆哮的深渊轰然关闭。

眼前突然出现一片新鲜的、令人屏息凝神的寂静。影子已经拉长，太阳静静地放着光，日头已西斜。从碧波荡漾的莱茵河上吹来一阵微风，轻拂着我们燥热的脸颊。我们的纪念仪式将在这一天的晚些时候举行，于是我们想用一个冷门的爱好来填满一天中最后的明亮时光，而我们当时的爱好是如此丰富多样。

在那些日子里，我们热衷于用手枪射击，对
我们每个人来说，这个技术在后来的军事生涯中
都大有用处。我们协会的仆人知道山间偏远的高
处有一处射击场，提前把我们的手枪带到了那里。
这个地方位于覆盖罗兰角后方低矮山脊的森林上
方边缘，在一个不平坦的小高地上，离我们的创
始与纪念圣地相当近。在射击场一侧的林坡上，
有一小块空地，适合人们在此休憩。越过树木和
灌木丛向莱茵河望去，七峰山美丽蜿蜒的线条，
尤其是龙岩山山脉的线条，与浓密的树冠一起勾
勒出一个圆环，圆环的中心正是环抱着诺沃岛的
波光粼粼的莱茵河。这一片林间空地就是诞生了
我们共同的梦想与计划的神圣所在。我们希望，
甚至必须，在傍晚时分回到这里，假如我们要按
照自己立下的规则来结束这一天。

在不远处那个不平坦的山坡上，有一个巨大

的橡树桩，突兀地伫立在光秃秃的地面和低矮的波浪形土堆上。我们曾合力在这个树桩上刻下一个清晰的五角星图形。在过去几年的风吹雨打中，这个五角星开裂得更加厉害，正好给射击提供了一个理想的靶子。当我们到达我们的射击场时，已经接近黄昏时分。我们的橡树桩在荒芜的高地上投下一个宽大而斜长的影子。万籁俱寂。脚下的高大树木使我们无法向下远眺莱茵河。在这个僻静的地方，我们的手枪射击爆发出的惊心动魄的响声，愈发显得尖锐而骇人。我刚把第二颗子弹射向五角星，就感到手臂被猛地抓住，同时看到我的朋友在装填子弹时也以类似方式被打断。

当我迅速转过身来时，我看到了一个老人的愤怒的面孔，同时，一条强壮的大狗扑到了我的背上。在我们，即我和我的同伴——他也被第二个较为年轻的人打扰了——还没有回过神来，还说不出任何惊讶的话语时，老人就开始了语气激烈而凶狠的讲话："不！不！"他对我们喊道，"这里不能决斗！你们这些年轻的大学生更不能！带着你们的手枪离开！平静下来，握手言和！如何？这将是世上的盐①，未来的智慧，希望的种子，而你们甚至不能使自己摆脱疯狂的荣誉教条和拳头法则？我不想在这一点上冒犯你们的心灵，但这让你们的头脑没什么光彩。你们，你们的青春被希腊和罗马的语言和智慧所孕育，为了使美丽的古代智慧和高贵的光芒落在你们幼小的心灵上，人们付出了无数辛劳。你们打算把骑士的荣誉准则，也就是无知和野蛮的准则，作为你们行动的指导原则吗？好好看看它吧，想想清

---

① 出自《马太福音》5章23—24节："你们是世上的盐，盐若失了味，怎能叫它再咸呢？以后无用，不过丢在外面，被人践踏了。你们是世上的光，城造在山上，是不能隐藏的。"

楚，揭露它可悲的狭隘吧，让它成为你们的理智，而不是你们的情感的试金石。如果你们的理智现在不拒绝它，那么你们的头脑就不适合在那个领域工作——那个领域必须的要求是，一种充满活力的判断力，能够轻松打破偏见的束缚；一种发出正确告诫的理智，即使在真伪差别深藏不露，不能像在这里一样伸手可触的情况下，依然能清楚地把真理与谬误区分开来。假如你们不适合，那么，我的好人们，请寻求以另一种正直的方式度过此生，成为士兵或学习一门手艺吧，这才是你们坚实可靠的立足之地。"

针对这段粗鲁但真实的讲话，我和我的朋友激动地回答，并总是互相打断："首先，您在最主要的事上搞错了。因为我们在这里根本不是为了决斗，而是为了练习射击手枪。其次，您似乎不知道决斗是怎么回事：您认为我们会在这种偏僻的地方对峙，就像两个强盗，不带证人，不带医生，等等？最后，我们在决斗问题上有自己的立场——我们各自都有，不希望受到您这种教训的攻击和惊吓。"

这种回答当然不礼貌，给老人留下了恶劣的印象。虽然一开始，当他意识到这不是一场决斗时，他对我们的态度友好了一些，但我们最后的话让他很恼火，以至于他独自低声嘟哝。当我们甚至敢说起自己的立场时，他猛地抓住同伴，迅速转身就走，一边走，一边在我们身后愤愤地喊道："人不仅要有立场，还要有思想！"同时，他的同伴也喊道："保持敬畏，即使在这样一个人弄错的时候！"

然而，在此期间，我的朋友已经重新装弹并大喊"小心！"，再次向五角星开枪。这种在背后突然发出的爆炸声使老人大发雷霆；他再次转过身来，恨恨地看着我的朋友，然后用温和些的声音对他的年轻同伴说："我们该怎么办？这些年轻人正在用他们的爆炸声毁掉我。""您必须知道，"年轻的男人转向我们说道，"在目前的情况下，您的爆炸性娱乐活动是对哲学的真正攻击。注意这个可敬的人，他有资格要求您不要在这里开枪。如果这样的人提出要求——""这确实是我的请求。"老人打断了他的话，严厉地看着我们。

其实，我们不知道该如何看待这样一个事件，我们不清楚我们略显嘈杂的娱乐活动与哲学有什么关系，我们也不明白为什么要出于莫名其妙的礼貌考虑而放弃我们的射击场地。那一刻，我们显得不知所措，十分不快。那位同伴看到我们那时的惊愕表情，便向我们解释事情的经过。他说："我们不得不在离你们最近的地方等候几个小时。我们有一个约会，这位重要人物的一位重要朋友将在今晚到达这里。我们选择了树林边有几张长椅的一个安静地方，作为这次会面的地点。对我们来说，在这里不断地被你们的射击声惊扰，并不是一件令人愉快的事情。我们推测，当你们听说是我们最杰出的哲学家选择了这个僻静的地方来和他的朋友重聚，你们自己都会感觉不可能继续在这里射击。"

这个冲突使我们更加惊慌失措。不仅仅是即将失去我们的射击场地，我们现在看到一个更大的危险在向我们逼近，于是急忙问道："那个休息的地方在哪里？不会是在左边的小树林那里吧？"

"就是在那里。"

"但是今晚这个地方属于我们两个人！"我的朋友喊道。"这个地方必须是我们的！"我们两个人一齐喊道。

我们的庆祝仪式在很久以前就已经决定，这

一刻，对我们来说，它比世界上所有的哲学家都要重要。我们如此急切又激动地表达了自己的感受，以至于这个令人费解又被我们着急提出的要求让我们看起来有些可笑。至少我们的哲学家，这两位麻烦制造者，在微笑地看着我们，仿佛要询问什么，仿佛我们现在必须为自己做一些解释。但我们保持沉默，因为我们绝不想暴露自己的秘密。

就这样，两对朋友沉默着相对而立，而绚烂的晚霞已经铺满了树林上空。哲学家看向太阳，那位同伴看向哲学家，我们两个人则看向我们在森林里的隐蔽处，这个地方恰恰在今天受到了如此之大的威胁。我们突然感觉有些愤懑。我们想，如果哲学妨碍我们与朋友的独处和欢聚，如果哲学阻止我们自己成为哲学家，所有的哲学算得了什么？因为我们相信，我们的纪念活动实际上具有哲学性质。其间，我们希望为我们未来的生活做出严肃的决议和计划。在孤独的思考中，我们希望找到一些东西，如同我们年少时的那种创作活动，能在未来建立并满足我们心灵中最深的渴望。这就是这场神圣仪式的意义所在。除了独自静坐沉思，就像五年前我们为了一个共同的计划所做的那样，我们别无所求。这将是一场无声的庆祝，为着所有的记忆，为着所有的未来，当下则只是中间的一段小插曲。而现在，一个神秘莫测的劫数进入了我们的魔法，我们不知道如何消除它。在这个异乎寻常的巧合中，我们感受到了一种充满诱惑的未知力量。

当我们分成两个敌对的阵营，静静地在那里站了一段时间后，我们头顶上的晚霞变得越来越红。黄昏越来越宁静，晚风越来越温和，我们仿佛听到大自然有规律的呼吸，它对自己已完成的杰作——完美的一天，感到十分满意。这时，莱茵河上突然响起一片人声鼎沸的欢呼声，打破了黄昏的寂静。他们一定是我们那些大学生同伴，现在可能正乘坐小船在莱茵河上来回航行。我们想起来，他们一定是发现我们失踪了，同时我们也发现了自己应该做的事情：我和我的朋友不约而同地举起了手枪。回声把我们的枪声传了过去，河谷深处随即响起熟悉的呼喊声，以示回应。因为在我们的协会中，我和同伴作为手枪射击爱好者是众所周知的，也是臭名昭著的。这时，我们发觉，我们的行为对那两位沉默的哲学家来说简直无礼至极。他们一直站在那里静静地沉思，我们突然开枪，两声爆响让他们受到了十足的惊吓。于是，我们快步走上前，忙不迭地对他俩喊道："请原谅我们！这是我们最后一次开枪，是为了给我们在莱茵河上的同伴一个信号。他们接收到

了，您听到了吗？如果您真的想要左边小树林里
的那个休息场地，那么您至少应该允许我们也在
那里坐下。那里有几张长椅，我们不会打扰您，
我们安静坐着，不会说话。但是现在已经过了七
点，我们必须去那里了。"

"这听起来也许有点神秘，"我停顿了一下，
补充道，"我们之间有一个认真的约定，我们将在
那里度过接下来的一小时，这是有原因的。这个
地方因为我们的一个美好记忆而变得神圣，它也
将为我们开启一个美好的未来。为此，我们会努
力不给您留下不好的记忆，毕竟我们已经好几次
打扰和惊吓到您了。"

哲学家沉默不语，但他的年轻同伴开口说：
"我们的承诺和约定不幸地以同样的方式约束着
我们，在同样的地点，也在同样的时间。我们现
在可以选择，是否要将这个巧合归咎于一个命运

之神或一个精灵的作怪。"

"顺便说一句，我的朋友，"哲学家态度缓和地说，"我对我们的年轻枪手比先前满意些了。你有没有注意到，我们刚才看太阳的时候，他们是多么安静？他们不说话，不抽烟，站着不动——我几乎认为，他们在思考。"

随后，他迅速转向我们："您思考了吗？您告诉我，我们现在一起去我们共同的休息地。"我们一起走了几步，走下坡，进入了湿漉漉的、雾蒙蒙的树林，树林里已经一片昏暗。我的朋友一边走，一边毫不掩饰地告诉哲学家他的想法：他担心，今天第一次，有一位哲学家阻止他进行哲学思考。

老人笑了起来，"怎么？您担心哲学家阻止您进行哲学思考吗？这样的事情确有可能发生，而您还没有经历过？您在您的大学里没有经历过吗？您一定听过哲学课吧？"

这个问题让我们感到有些不快，因为我们完全不知道有这回事。当时我们还天真地相信，凡是在大学里拥有哲学家的教席和荣誉的人，都是哲学家。我们的确没有经验，没有得到相应的教导。于是，我们诚实地说，我们还没有听过任何哲学教授的课，但一定会弥补我们所错过的。

"但您把什么，"他问，"称作您的哲学思考？""我们，"我说，"不知道该如何定义。但我想，我们的意思大概是想认真努力思考，如何才能最好地成为有修养的人。""你们想得不算少，也不算多，"哲学家低声咕哝道，"你们再好好想想吧！这里是我们的长椅。我们离开远点坐下吧。我不想打扰你们思考如何成为有修养的人。我祝你们幸运，并有立场，就像你们在决斗问题上有立场那样，有自己的、新颖的、有修养的立场。

哲学家不想阻止你们进行哲学思考，只是你们不要用你们的手枪来惊吓他。学一学年轻的毕达哥拉斯门徒吧，作为真哲学的仆人，他们必须保持五年的沉默，也许您能做到保持五刻钟的沉默，为了您自己的未来的教育，因为您是如此勤奋地关注这个问题。"

我们已经到达了目的地。我们的纪念活动正式开始了。又和五年前一样，莱茵河在朦胧的雾气中流淌；又和那时一样，天空繁星点点，森林馥郁芬芳。我们在最远处角落里的长椅上坐下。我们几乎坐在隐蔽处，哲学家和他的同伴都看不到我们的脸。我们独自坐在那里。当哲学家低沉的说话声隐约从那边传来，伴随着树叶的沙沙响，和着森林高处虫鸣鸟叫的嗡嗡声，几乎变成了一曲大自然的音乐。它只是一种声音，就像是一声单调而遥远的呜咽。我们确实没有受到干扰。

就这样，一段时间过去了，晚霞渐渐消失在夜色中，而我们对我们年少时追求教育的种种努力的记忆，却越来越清晰地浮现在我们眼前。我们感觉，我们应该向那个特别的小团体致以最诚挚的感谢。它不仅是我们文理中学学习的补充，而且也是使我们真正获益的成长环境。在这个框架中，我们的文理中学也占有一席之地，它是服务于我们的教育追求的一个手段。

我们意识到，在那个时候，幸亏有我们的小团体，我们完全没有想到过任何有关"职业"的问题。国家想尽快培养出有用的公务员，并通过严苛的考试机制确保他们无条件地服从。大学那几年太过频繁地被国家剥削的事实，离我们的教育经历却一直都很遥远。任何利益意识，任何迅速晋升和快速成功的意图，都没有对我们产生什么影响，这一点也表现在今天令我们欣慰的事实上，即我们两个人至今都不知道我们将来要做什么，而且我们实际上根本不关心这回事。这种幸福的不关心是在我们的小团体中获得滋养的，在今天的纪念活动中，我们对这个小团体尤其满怀感激。我已经说过，无忧无虑地享受每一个瞬间，优哉游哉地荡着光阴的秋千，这对我们这个讨厌任何无用之物的时代来说，必定显得十分不可思议，或至少应该受到谴责。我们是多么无用啊！我们是多么为自己的无用而感到骄傲！我们甚至可以比赛，看看谁更无用。我们不想证明什么，不想主张什么，也不想得到什么，我们不想要什么未来，只想做个舒舒服服地躺在现时代门槛上的无用之人，我们也正是这样的无用之人。祝福我们！

我亲爱的听众，这就是我们当时的感觉。

我沉浸在庄严的自我考察中，正准备用这

种自满的语气回答关于我们教育机构的未来的问题，这时我逐渐发现，从远处哲学家的长椅上响起的自然音乐正在失去它以前的特质，更响亮、更清晰地传到了我们这里。突然间，我意识到我在仔细听，我在凝神听，我在满怀热情地听，竖起了耳朵在听。我轻轻推了推我的朋友，他好像有点累，小声对他说："别瞌睡！那边有我们可以学习的东西。它适合我们，即使不针对我们。"

我听到那位年轻的同伴激动地为自己辩护，而哲学家则以越来越激烈的语气攻击他。"你没有变化，"他对他喊道，"很可惜没有变化。你还和七年前一样，和我最后一次见到你，我带着疑虑和希望让你离开的时候一样，这对我来说简直不可思议。可惜我不得不再次撕下你的现代教育的外衣——这并不让我愉快，我在下面发现了什么？虽然有一样的"智性"特征，正如康德所理解的那样，但可惜也有一成不变的"智力"特征，这可能也是一种必然，但不是一种让人欣慰的必然。我扪心自问，作为一个哲学家，我是为什么而活着？你在和我交往中度过了那么多年，你的头脑不愚钝，你不是没有对学习的真正渴望，这些年的学习却没有给你留下更深刻的印象！你现在的表现就好像你从来没有听说过关于所有教育的那一句至关重要的话，我在我们早年的交往中经常提到它。你说说，那是哪一句话呢？"

"我记得，"挨骂的学生回答说，"您曾经说过，如果一个人知道，真正受教育者的人数最后是且只能是令人难以置信的少得可怜，那么他就不会追求受教育。甚至，如果没有大量的人来接受教育——尽管这本质上并不符合他们的天性，他们只是被欺骗和诱惑来加入教育的，那一小部分真正受教育者也是不可能出现的。因此，人们绝不能公开透露真正受教育者的人数与巨大的教育机器之间可笑的比例失衡现象。这里隐藏着有关教育的真正秘密：无数人似乎是在为自己而追求教育，为教育而努力，实际上却只让极少数人的教育成为可能。"

"正是这一句话，"哲学家说，"但你居然能忘记它的真正含义，而认为自己是那少数人中的一个？你是这么想的，我已经注意到。但这是我们这个受过教育的现时代最卑下的特征。人们把天才的权利民主化，是为了脱离自己的教育努力和教育困境。每个人都想在天才栽种的大树树荫下乘凉。人们想摆脱为天才工作的沉重负担，天才的产生正是取决于这样的工作。怎么？你太骄傲了，不愿做教师？你鄙视蜂拥而至的数不清的学生？你轻蔑地谈论教师的任务？然后，你以敌对的态度和那群人隔绝，想过一种孤独的生活，模仿我和我的生活方式？你认为你能一蹴而就，立刻得到我为了过上一个哲学家的生活而不得不通过长期不懈的努力去争取的东西？你不怕孤独对你进行报复吗？试试做一个教育的隐士吧——你必须家财万贯，才能单凭自己的力量为所有人而生活！奇怪的门徒！恰恰是那些只有大师才能做到的最艰难、最卓越的事情，是你们认为必须要模仿的。而恰恰只有他们才知道，那有多么困难和危险，又有多少优秀的天赋毁于其上。"

"我不想对您隐瞒什么，我的老师。"那位同伴说，"我听了太多您的教诲，在您的身边待了太长时间，我已经无法全心全意地投入到我们目前的教育体系中去。我太过清楚地感觉到您曾一度指出的那些糟糕的错误和弊病。但我几乎没有发现我身上有什么力量能使我在勇敢的斗争中赢得胜利。灰心丧气的情绪笼罩着我；以孤独为避难

所不是因为骄傲，不是因为傲慢。我想向您描述
我在现今如此严峻的人文教育和基础教育的问题
上所观察到的现象。显然，我必须区分两个主要
方向——两股看似对立的、在影响上同样有害、
在效果上殊途同归的潮流，主宰着我们的教育机
构的现状：一方面是追求教育的最大可能的扩张
与普及，另一方面是追求教育本身的减少和削弱。
教育应该被推广到尽可能大的范围——这是一种
倾向的要求；另一种倾向则认为教育应放弃其最
高贵、最崇高的要求，谦卑地为其他形式的生命
服务，比如为国家。

"我相信我已经注意到，要求尽可能扩大和
普及教育的呼声在哪一方向上最清楚地响起。这
种扩张基于当今流行的国民经济学说。尽可能多
的知识和教育，因而有尽可能多的生产和需求，
因而有尽可能多的幸福——这就是公式。在这里，

我们把效用作为教育的目标和宗旨，更准确地说，是营利，是最大可能的金钱收益。从这个方向来看，教育大概可以被定义为一个人使自己‘识时务’的能力，他要知道赚钱的所有捷径，掌握人际交往的所有手段。因此，实际的教育任务将是培养尽可能多的‘通用’的人，和货币流通意义上的‘通用’性质相同。这种‘通用’的人越多，一个国家就越幸福。而这正是现代教育机构的意图，即按照一个人天性中变成‘通用’的可能性，来促进他的教育；要教会每个人从其认知和知识中获取最大可能的幸福和利益；每个人都必须能够准确评估自己，他必须知道自己能向生活索要什么。从这些观点中得出的‘才智与财产的联盟’，甚至被认为是一种道德要求。每一种使人孤独的教育，不谋求金钱和利益的教育，耗费大量时间的教育，在这里都是被讨厌的。这种趋向的教育一度被斥为'高级利己主义'，或'不道德的教育享乐主义'。根据这个时代适用的道德准则，人们需要的是相反的东西，即一种速成的教育，以便让人快速成为一个挣钱的人；并且还是一种如此扎实的教育，能让人成为一个挣很多钱的人。一个人只被允许拥有与满足获利目的相匹配的文化，一个人也只需要这么多文化。简而言之，人类必然要求世俗的幸福，因此，并且仅仅因此，教育才是必要的。"

"在这里，我想作一些补充，"哲学家说，"在这个刻画得相当清楚的观点影响下，产生了一个巨大的危险，即大众有可能跳过中间阶段，直接去追求这种世俗的幸福。现在，这个现象被称为'社会问题'。因为在大众看来，向绝大部分人提供的教育，仅仅是极少数人获得世俗幸福的一种手段。'尽可能普遍的教育'使教育大大贬值，以至于它不再能赋予人任何特权和任何尊荣。最普及的教育就是野蛮。但我不想打断你的论述。"

那位同伴继续说："人们到处如此奋力地争取扩大和普及教育，这一现象除了那个如此流行的国民经济学说之外，还有其他动机。一方面，在一些国家，对宗教压迫的恐惧是如此普遍，对这种压迫的后果的恐惧是如此明显，以至于社会各阶层都渴求教育，而他们从教育中得到的恰恰是那些消灭宗教本能的东西。另一方面，国家为了自己的生存，必定追求最大限度地扩大教育，因为它一直都知道自己足够强大，能把最势不可当的教育解放扼制在它的轭下，并且这个轭确实是可靠的——在它与其他国家的竞争中，对它的官员或军队的最广泛的教育最终能使它自己受益。在这种情况下，国家的基础必须宽阔而坚固，以保障教育这座精致的穹顶大厦稳筑其上。在第一种情况下，过去的宗教压迫的痕迹必定仍然清晰可见，以至于人们不顾一切地采取一种如此绝望的补救措施。因此，在大众喊出战斗口号、要求最广泛的教育的地方，我习惯于辨别激起这种战斗呼喊声的，究竟是流行的谋求财富的倾向，是曾经的宗教压迫的烙印，还是国家为自身利益的精明筹划。

"与此同时，我感觉有另一种调子从四面八方响起，虽然不是那么响亮，但至少同样强劲，即关于缩小教育的论调。在整个知识界，人们都在悄悄谈论这种论调。现今一个普遍的事实是，为了使学者最大程度地为他的科学研究所用，学者的真正教育已经变得越来越偶然，越来越不可能。因为现在的学术研究已经扩展到如此广阔的范围，以至于任何有良好禀赋，哪怕不是最杰出的禀赋的人，如果想在其中取得一些成就，就都会从事一项特别的、专门的学科研究，并且毫不关心所有其他学科。即使他已在自己的专业领域超越了大多数普通人，在所有其他领域，也就是在所有首要的事情上，他仍然是大多数普通人之一。这样一个专家学者就好比一个工厂里的工人，一辈子只做一种特别的螺丝，只用特定的手法使用一件工具或操作一台机器。当然，他在这方面练就了不可思议的高超技艺。在德国，人们懂得如何为这种令人悲伤的事实披上华丽的思想外衣，甚至把我们那些学者的狭隘的专业性，以及他们对真正的教育的越来越严重的偏离，赞美为一个富有道德感的现象：'在小事上忠心'①，'埋头苦干'，成了人们大肆宣扬的论调；而专门领域之外的教育匮乏，则被炫耀为一种'高贵的谦逊'。

---

① 出自《路加福音》16 章 10 节："人在最小的事上忠心，在大事上也忠心；在最小的事上不义，在大事上也不义。"

"几个世纪以来，人们认为，学者而且只有学者，是受过教育的人，这是不言而喻的。从我们这个时代的经验出发，人们很难再天真地把这两类人等同起来。因为现今人们为了科学的利益而对一个人进行最大程度的利用，已经成为被毫无异议地接受的前提。谁还会去想，这种吸血鬼般榨取人们血汗的科学，到底还有什么价值？学术分工实际追求的，与宗教一度追求的，几乎是同一个目标：减少教育，甚至是消灭教育。根据其起源和历史，对某些宗教来说完全合理的这一要求，却可能给科学带来自我毁火。现在我们已经到了这样的地步：在所有严肃的问题上，尤其是最高的哲学问题上，从事学术研究的人根本不再有发言的机会。相反，那个在科学领域之间进行黏合连接的中介层，也就是新闻界，却自认为能在此处完成它的使命，并且符合其本性的，即按日计酬般地执行它的任务。

"因为在新闻业中，那两股潮流最终合流：教育的扩张和减少在这里携手并进，日报几乎取代了教育的地位，而任何一个现在仍对教育有所要求的人，哪怕是作为一个学者，他也习惯于依赖那个黏合性的中介层。这个中介层在所有的生活形式、所有的社会阶层、所有的文化艺术和所有的科学领域之间起着黏合作用，它就像日报纸张一样厚实又有韧性。在日常新闻报道中，现时代独特的教育意图达到了顶峰。与此相应的，新闻记者，也就是服务于当下的仆役，已经取代了伟大的天才、所有时代的领路人和解救人们脱离当下的拯救者。现在，请您自己告诉我，我杰出的导师，在与到处蔓延的颠倒了所有真正的教育努力的错谬作斗争的过程中，我应该抱有怎样的希望？作为势单力孤的一位教师，我应该怀着怎样的勇气站出来，如果我已经清楚地知道，每一颗刚刚播下的真教育的种子，都立刻被伪教育的辊轮无情地碾轧？如果一个教师想引领学生回到无限遥远、难以把握的希腊世界，回到教育的真正故乡；尤其是他的学生不多久便抓起一张报纸，或一本流行小说，或任何一本措辞风格彰显出当今教育界野蛮行径所独有的可耻特征的所谓教育读物时，您想想看，这个教师最辛苦的工作必定多么徒劳啊！"

"静一静！"哲学家带着同情的口吻，用低沉有力的声音说道，"我现在对你更理解了。先前不应该对你说那么严厉的话。你完全正确，只是切不可丧失勇气。现在我要对你说一些能够安慰你的话。"

第二次演讲

1872 年 2 月 6 日

尊敬的听众朋友们：

从这一刻起，我欢迎你们成为我的听众，而你们也许只对我三周前的演讲有所耳闻。现在，你们必须忍受在没有进一步准备的情况下，被引入我已经开始复述的严肃谈话之中。今天我想先回顾一下上次演讲的末尾所讲述的内容。哲学家的年轻同伴当时不得不诚实而恳切地向他的导师道歉，解释自己为何愤而离职，在自我选择的孤独中度过了毫无慰藉的日子。他说，傲慢的自负绝不是做出这种决定的根本原因。

这位正直的门徒说："我从您这里，我的老师，得到了太多教诲，我在您身边待了太久的时间，我已经无法全心全意投入到我们目前的教育体系中去。我太清楚地感觉到您曾经一度指出的那些危险的错误和弊病。然而我发现我身上几乎没有什么力量可以支撑我在勇敢的战斗中获得成功，可以帮助我粉碎这个所谓教育的堡垒。一种灰心丧气的情绪笼罩着我。以孤独为避难所不是出于高傲，不是出于傲慢。"于是，为了解释自己的状况，他如此沉痛地描述了这个教育体系的普遍特征，以至于哲学家忍不住以同情的口吻打断了他，安慰他道："现在先别说什么，我可怜的朋友，"他说，"我现在更理解你了，刚才不应该对你说这么严厉的话。你什么都是对的，除了你的绝望。现在我要对你说一些能够安慰你的话。你认为，使你如此忧心忡忡的学校教育现状会持续多久呢？我不会向你隐瞒我的想法：它的时代已经过去了，它的日子已经屈指可数。第一个敢于在这个问题上完全诚实的人将会听到他的诚实在无数勇敢的灵魂中的回响。因为从根本上说，在目前这个时代，那些天赋高贵、感情热烈的人之间有一种默契：他们每个人都清楚自己在学校教育的弊病中所遭受的痛苦。他们中的每一个人都想把自己的后代至少从同样的压力中解救出来，即使他不得不自己付出代价。但是，尽管如此，任何人都没有达到完全的诚实，其可悲的原因在于我们这个时代在教育上的精神贫困。这里缺乏真正有创造力的禀赋，缺乏真正的实践者，也就是说，缺乏那些有好的和新的想法的人，他们知道正确的天赋和正确的实践必须在同一个人身上相遇。而冷静务实的实践者缺乏想法，因而也缺乏正确的实践。

"人们只需研究一下当今的教育学文献便知，如果有人不为其最严重的精神贫乏和拙劣无比的表演感到惊恐，那么这个人就是堕落到家了。在这里，我们的哲学不是必须从惊奇开始①，而是必须从惊恐开始。那些无法感知惊恐的人，应该自觉地放弃插手教育事务。当然，到目前为止，情况恰恰相反。那些感知到惊恐的人胆怯地跑开了，就像你，我可怜的朋友。而那些冷静的无畏者，则把他们宽大的手掌伸到了艺术中所能存在的最温柔的技艺上，即教育的技艺上。但这不会持续太久。只要诚实的人来到，他有好的和新的

---

① 亚里士多德对哲学起源的经典论述：哲学起源于惊奇和闲暇。《形而上学》开篇第一句话即"所有人依据本性都渴望认识"。人们对于原因的探求，始于"惊奇"，探究原因以求获得认识的渴望将我们最终引向了最高的原因，而这正是第一哲学或者形而上学要研究的主题。

想法，并敢于打破现有的一切，以实现这些想法。只要他借助一个伟大的例子，展示那些迄今为止一手遮天的宽大手掌所无法模仿的东西，那么人们至少会开始发现区别，至少会感觉到不同，并能够思考这种不同的原因。而现在这么多人仍然天真地相信，宽大的手掌在教育技艺中必不可少。"

"我希望您，我尊敬的老师，"那位同伴说，"用一个例子来帮助我获得您对我如此勇敢地说出的希望。例如，我们都了解文理中学，您是否相信，通过诚实和创新的想法，可以打破这里的陈规陋习？在我看来，进攻者面对的不是一道坚硬的高墙，而是最致命的顽固而圆滑的原则。进攻者并没有一个可见而明确的对手可以粉碎。相反，他的对手戴着伪装的面具，能把自己变成一百个模样，能以其中任何一个模样逃脱攻击，并且通过反复交替的懦弱妥协与顽固抵抗，一次次地迷惑和消磨进攻者。正是狡猾的文理中学迫使我绝望地逃向孤独，因为我感到，如果斗争在这里取得胜利，那么所有其他的教育机构也都必然投降；在这里怯懦畏缩、一败涂地的人，必定在所有最严肃的教育问题上怯懦畏缩、一败涂地。所以，我的老师，关于文理中学，请您赐教，我们可以期待文理中学的毁灭，或者期望文理中学的重生吗？"

"和你一样，"哲学家说，"我也认为文理中学至关重要。文理中学所追求的教育目标应是所有其他机构衡量自己的标准。文理中学趋向的偏误将使其他机构一起遭受损害；通过文理中学的净化和更新，它们也会同样得到净化和更新。这样一种作为动力轴心的重要意义，即使如今的大学也不敢声称具备。就其现有形态而言，至少就其一个重要方面来看，大学只能被视为文理中学趋向的延续。这一点我将在晚些时候向你说明。现在让我们一起考虑，是什么使我心中产生一个充满希望的信念？人们习以为常的、如此五光十色又难以捕捉的文理中学精神，要么必将烟消云散，要么必将彻底更新和净化。为了不用普遍结论来吓唬你，让我们先来想一个我们都曾有过、都曾让我们受过苦的文理中学经历。以严格的眼光来看，现在文理中学里的德语课是怎样的？

"我首先要告诉你它应该是什么样子的。从本质上讲，现在每个人的德语说得和写得都如此糟糕，只有在报刊德语时代才可能被想象得出来。这就是为什么我们应该把成长中的、有高贵天赋的年轻人强行置于良好品位和严格语言规范的玻璃罩下。如果这不可能做到，那么我宁愿重新说拉丁语，因为我为那种已经被毁坏和玷污的语言感到羞耻。

"一个高等教育机构在这方面还有什么别的任务，除了以权威和严格的方式正确地引导语言变得粗野的年轻人，向他们呼吁：'认真对待你们的语言！'？谁要是不在这里培养神圣的责任感，在他身上就不会产生较高层次的教育的萌芽。在这里，在你们处理母语的态度上，可以看出你们对艺术的推崇程度，以及你们与艺术的亲疏关系。如果你们没有要求自己对那些新闻风格的惯用词语产生生理上的厌恶感，那么你们只有放弃追求教育。因为在这里，在离你们最近的地方，在你们说话和写作的每一刻，都有一块试金石，来检验业已完成教育的人具有多么艰巨的任务，并且你们中的许多人又有多么不可能得到正确的教育。

"在如此呼吁的意义上，文理中学的德语教师有义务提请学生注意无数细节，并以绝对的良好趣味禁止他们使用诸如'要求''占有''做出

交代''采取主动''理所当然'等'无穷无尽令
人疲倦'①的词汇。这位教师还要用我们的经典作
家的作品逐字逐句地展示，如果一个人心中有正
确的艺术感觉，并且对读到的一切完全可以理解，
那么他就应该以多么仔细和严谨的态度来对待作
品里的每一句话。教师会一次又一次地要求他的
学生用更好的方式表达同样的思想，在天赋较低
的人对语言的神圣心生敬畏、天赋较高的人对语
言的崇高满怀激情之前，他的工作远无止境。

"这就是所谓的正规教育的一项任务，也是
最有价值的任务之一。而我们在文理中学，即所
谓的开展正规教育的地方发现了什么？懂得把看
到的现象正确地归类的人，都会知道如何看待现
在的文理中学这个所谓的教育机构。他会发现，

———————————

① 拉丁语 cum taedio in infinitum，没完没了的令人厌倦的乏味和无聊。

根据其最初的形态，文理中学的教育不是为了修养，而只是为了学术，并且它最近发生了转变，它的教育甚至不再以学术，而是以新闻业为目的。德语课的教学方式作为一个相当可靠的例子，可以证明这一点。

"我们看不到教师使学生习惯于严格的语言自我训练的纯实践性指导，只到处看到对母语的学术化和历史学化的处理方式。也就是说，母语被当作一种死的语言，好像人们对这种语言的现在和未来没有任何义务一样。历史学化的处理方式在我们的时代已经变得相当普遍，以至于语言的活体也被交付于它的解剖学式的研究。然而，懂得把活体当作活体来对待，这恰恰是教育开始的地方；在首先需要正确的行动、而非正确的认识之处，抑制那种到处涌现的'历史兴趣'，这恰恰是以教育为志业的教师的任务开始的地方。我

们的母语是一个学生必须学会正确行事的领域，
只有从这个实际角度出发，我们的教育机构所进
行的德语教学才是必要的。诚然，历史学化的方
式对教师来说似乎更容易、更舒适；它也似乎适
应于一种低级的禀赋，甚至可以说适应于更低层
次的愿望和追求。然而我们在教育现实的所有领
域都看到了这样的现象：更容易和更舒适的东西
被披上高尚使命与风光头衔的华丽外衣，而真正
的实践，教育所必不可少的根本上更困难的行动，
收获的却是排斥和蔑视的目光。这就是为什么诚
实的人也必须使自己和他人清楚辨别这个颠倒混
淆的现象。

"除了鼓励学生作学术化的语言研究，德语
老师通常还能提供什么？他是如何将他的教育机
构的精神与德意志民族为数不多的真正受过教育
的人的精神，以及与这个民族的经典诗人和艺术

家的精神联系起来的呢？这是一个可疑又可怖的
黑暗区域，凡是向里探看的人都不免惊慌失色。
但我们也不想对自己隐瞒什么，因为在这里，终
有一天，一切都必将焕然一新。在文理中学里，
我们的新闻业美学令人厌恶的风格被深深烙印在
还未定型的年轻人的头脑中。在这里，老师亲自
播下了粗鲁地曲解我们的经典作家的种子，这颗
种子长成了美学批评的造作姿态和肆无忌惮的野
蛮。在这里，学生们学会了用那种幼稚的高傲态
度来谈论我们独一无二的席勒；在这里，他们习
惯于对他的创作中最崇高和最具德意志精神的作
品，对波萨侯爵①、马克斯和苔克拉②，报以轻蔑的
微笑。这种微笑令德国的天才愤怒，令后来的更
好的世代脸红。

---

① 席勒戏剧《唐·卡洛斯》中的人物。
② 席勒戏剧《华伦斯坦》三部曲中的人物。

　　"德语教师在文理中学从事教学活动的最后一个领域，经常被视为其活动的顶峰，有时甚至被视为文理中学教育的顶峰，这一领域就是所谓的德语论文。几乎总是那些最有天赋的学生满怀热情地在这个领域中流连忘返。从这一事实中我们应该认识到，这里的任务多么具有诱惑性和危险性。德语论文是对个性的呼吁：一个学生越是意识到自己的独特品质，他的德语论文就越有个性。此外，这种'个性塑造'在大多数文理中学中都通过选择题目来促成。对我来说，最有力的证明是，即使在低年级也会设置这种本身没有教育意义的题目，要求学生描述他自己的生活，他自己的成长。现在，人们只需浏览大量文理中学的作文题目清单就可以确信，绝大多数学生可能因为这种过早强加于身的个性写作和不成熟的思想孕育任务而受苦终生，而这并不是他们自己的过错。多少人后来的整个文学创作都是这种反精神的教育原罪所导致的悲惨后果啊！

"只要想一想，在这样一个年龄段，在创作这样一篇论文的过程中会发生什么。这是他自己的第一件作品；尚未发育完全的力量第一次形成结晶；独立创作的要求和权利带给人一种强烈的震撼，使这些作品被原始而神秘莫测的魔力所笼罩。自然界所有的大胆行为都从深处被召唤出来，所有的虚荣和野心都顺畅无碍地第一次以文学的形式呈现。从现在开始，年轻人觉得自己已经成熟，作为一个能够发言，并被要求发言的人，他已经有资格参与讨论。那些论文题目迫使他就诗人的创作发表自己的意见，或将历史人物压缩到性格刻画的形式中，或独立阐释严肃的伦理问题，或者甚至反观自己的成长历程，针对自己做出批判性报告。总之，一整个最深刻的任务世界展现在懵懂无知、惊慌无措的年轻人面前，要他做出决定。

"现在让我们想象一下，面对学生最初的影响重大的创造性成果，教师通常是如何行动的。他在这些作品中发现了什么错误？他让学生们注意什么？注意形式和思想的所有过度之处，也就是注意这个年龄段的一切独特而富有个性的东西。在过早的刺激下，真正的独立性只能显得笨拙、怪异又尖锐，也就是说，恰恰是那种独立表达的个性，遭到了教师的斥责和拒绝，而毫无创造性的中规中矩则得到表扬。当然，那种千篇一律的平庸收获的是不耐烦的赞美，因为教师有理由对它的无趣感到厌烦。

"也许还有人在文理中学的德语论文这一出喜剧中，看到了目前文理中学里不仅是最荒唐的，而且也是最危险的因素。这里要求原创性，但这个年龄段唯一可能的原创性却被拒绝。这里以形式教育为目标，只有极少数人在成熟的年龄真正达到了这种教育的要求。在这里，每个人都被视为有文学能力的人，允许对最严肃的事情和人物有自己的看法，然而正确的教育恰恰应当全力压制这种可笑的对独立判断的要求，并且应使年轻人习惯于在天才的权杖下绝对服从。在这里，某种措辞方式被设定为目标，然而却是在任何一个说出或写出的句子都是一种野蛮的年龄段。现在，让我们再加上年少轻狂、自满自大的情绪所带来的危险，让我们想一想现在的年轻人第一次看到自己的文学镜像时所产生的虚荣感。将这一切尽收眼底时，谁会怀疑，我们的文学艺术事业的所有弊病和危害，都在这里一次又一次地烙印在成长中的一代人身上？急功近利的作品，粗制滥造的书籍，彻底的品位低下，平庸拙劣的措辞风格，可怜的矫揉造作，丧失了所有审美的标准，在无政府主义的混乱中狂欢——这就是我们的新闻界和我们的学术界的共同特征。

"现在很少有人知道这一点：千万人中，也许难得有一人能以写作闻名，而所有其他做此尝试的人，他们印成铅字的每一个句子，在真正有判断力的人中间，只能收获荷马史诗式的嘲笑。因为对众神来说，看到一个文学的赫菲斯托斯①一瘸一拐地走来，还想为人提供点什么，这确实是一幕可笑的闹剧。在这一领域培养严肃和坚决的习惯与观点，是形式教育的最高任务之一，而允许所谓的'自由人格'掌握一切，则无异于野蛮。至少在现今的德语教学上，关注的不是教育，而是上述'自由人格'，这一点在目前为止的论述中

---

① 古希腊神话中的火神和铁匠的保护神，天生瘸腿，形貌丑陋。

已经表述得十分清楚。只要德国的文理中学用其德语论文教学为可恶的、良心泯灭的文字泛滥做准备，只要它们不把最必要的语言与文字的实际训练当作它们的神圣职责，只要它们把母语视为一种不可避免的不幸或一个已死的躯体，我就无法把这些机构称作真正的教育机构。

"在语言方面，古典典范的影响是微乎其微的，这就是为什么单从这一点出发，我们的文理中学所推行的所谓'古典教育'，在我看来已是非常值得怀疑和令人误解的东西。因为面对这样的典范，人们怎么会无视希腊人和罗马人从少年时代起对待其母语的极其严肃的态度？人们怎么会认不清这样的榜样？假如希腊和罗马世界真的作为我们文理中学教育规划的最高教育典范，清楚地摆在人们面前呢？对这一假设，我至少表示怀疑。毋宁说，文理中学声称注重'古典教育'，

似乎只是一个尴尬的借口。一旦被怀疑不能达到
人文教育的目标，文理中学就会拿出这个借口。
古典教育！听起来多么尊贵！它使攻击者感到羞
愧，延缓攻击，因为谁能立刻看穿这蛊惑人心的
套话！这就是文理中学长期惯用的策略：不管战
斗号角在哪一方向响起，它就在自己并不光彩的
盾牌上写上'古典教育''形式教育'或'科学教
育'等令人困惑的口号。不幸的是，这三种光荣
的东西要么本身，要么相互间，就是自相矛盾的，
如果强行把它们放在一起，只会制造一种'非驴
非马'的教育。因为真正的'古典教育'非常困
难、罕见，它需要繁复的天赋，以至于把它作为
文理中学的一个可实现的目标来承诺，只能是天
真或厚颜无耻。'形式教育'一词属于粗糙的非哲
学用语，必须尽可能地避免，因为不存在'质料

教育'①这种东西。而把'科学教育'作为文理中学的目标，就等于放弃了'古典教育'和所谓的'形式教育'，从根本上说就是放弃了文理中学的整个教育目标。因为有科学天赋的人和有修养的人属于两个不同的领域，它们在个人身上偶有交集，却从不重合。

"如果我们把文理中学的这三个所谓的目标与我们在德语教学方面所观察到的现实相比较，我们就会认识到这些目标的实质是什么：尴尬的借口，为战斗和战争而设计，事实上也往往足以让敌人目瞪口呆。因为我们无法在德语教学中看到任何让人联想到古代时期的卓越榜样，联想到

---

① 形式和质料是亚里士多德用以说明事物构成和变化的哲学范畴。质料指构成万物的材料，又指事物生成变化的基质。和质料相对立的是形式。形式是每一事物的本质，也是事物的"原型"、模型、形状。亚里士多德认为形式既是质料追求的目的，又是使质料变化的动力，形式因也就是目的因和动力因。

古代语言教育的伟大之处的东西。但事实证明，上述德语教学所达到的'形式教育'实质上乃是所谓'自由人格'的绝对随意性，即野蛮和无政府主义。说到以培养科学素质为这种教学的结果，我们的日耳曼学学者将不得不公正地做出评断，判定文理中学的学术起步对他们的科学开花结果的贡献有多微不足道，而个别大学教师的个性贡献有多巨大。总之，到目前为止，文理中学已经错过了真正教育的首要目标，即母语，因此它缺乏所有进一步教育努力所需的天然的、肥沃的土壤。因为只有在严格而细致的语言训练与规范的基础上，才能增强对我们的经典作家作品伟大之处的正确感觉。而迄今为止，文理中学方面对经典的认可，几乎完全依赖于个别教师可疑的审美热情，或某些悲剧和小说的仅限于素材方面的影响。但是，人们必须从自身经验中体会这种语言

是多么不容易掌握；人们必须经过长期不懈的求
索，终于踏上了那条我们伟大诗人走过的道路之
后，才能体会到他们在上面走得多么轻松优雅，
而跟随其后的人们走得多么笨拙滑稽。

"只有通过如此培养，年轻人才会对我们的
'报纸厂工人'和小说写手那种如此流行并广受
赞誉的'优雅'风格，对我们的文学家的考究辞
藻，产生生理上的厌恶感，并且一劳永逸地消除
一系列相当滑稽的问题和顾虑，例如，奥尔巴赫 ①
或古茨科 ② 是否真的是诗人——人们已经厌恶得
无法再读他们，这便是结论。但愿没有人相信在
自己的感觉中培养出对那种做作风格的厌恶是件

---

① 奥尔巴赫（1812—1882），德国小说家，犹太解放运动的支持者，代
　表作为四卷本《黑森林乡村故事集》。
② 古茨科（1811—1878），德国记者，杂志出版人，剧作家，小说家，
　是 19 世纪 20 至 50 年代激进作家流派"青年德意志"的重要代
　表，著有《罗马的魔法师》《幽灵骑士》等多卷本小说。

易事，但愿没有人希望在语言的荆棘之路之外找到一条达致审美判断的道路，这条荆棘之路不是语言学研究的道路，而是语言能力的自我训练的道路。

"在这里，每一个认真努力的人都会有与此类似的经历：一个人在成年后，例如作为一名士兵，被迫重新学习走路，而此前他在走路方面是一个粗俗的门外汉和经验主义者。这是艰苦的几个月：人们担心肌腱会撕裂，对自己能否舒适又轻松地运用刻意学习的脚部动作毫无信心。人们惊恐地看到自己的每一步迈得都如此笨拙和僵硬，担心自己已经完全忘记如何行走，并将永远无法学会正确地行走。突然间，人们又注意到，刻意练习的动作已经成为一种新的习惯和第二天性，从前的安全感又回来了，步伐的力量得到了加强，甚至还有了一丝优雅。现在人们知道走路的艰难了，可以取笑粗俗的经验主义者或有意表现优雅的门外汉了。我们那些被称为'优雅'的作家，正如他们的风格所证明的那样，从未学会走路，而在我们的文理中学，正如我们的作家所证明的那样，人们没有学习走路。但是，教育始于语言的正确步调，一旦开始了这个正确的步调，就会自然地对那些'优雅'的作家产生一种生理上的感觉，这种感觉就叫作'厌恶'。

"在这里，我们认识到现今文理中学教育的灾难性后果。因为它不能培植正确、严格的教育——这首先意味着服从和管束，因为它最多只能达到激发和培养科学本能的目标，所以，我们才经常遇到那种学术与野蛮品位、科学与新闻的联盟。今天，人们可以极为普遍地看到，我们的学者已经从德意志精神在歌德、席勒、莱辛^①和温克尔曼^②的努力下所达到的教育的高度，陷入堕落与沉沦。这种堕落恰恰表现在这些伟人在我们中间、在文学史家中间——无论他们被称为格维努斯^③还是尤利安·施密特^④、在每个社交场合、在所有男人和女人的每次谈话中遭受的可怕误解之上。然而，最重要的，也是最令人痛苦的是，这种堕落也常表现在教育学的、涉及文理中学的文献上。可以做证的是，这些伟人对于真正的教

---

① 莱辛（1729—1781），德国戏剧家，文学评论家，是德国启蒙运动时期最重要的作家和文艺理论家之一，代表作有《关于当代文学的通讯》《拉奥孔》《汉堡剧评》等。

② 温克尔曼（1717—1768），德国考古学家，艺术史学家，其代表作《论古代艺术》是德国古典主义美学思想的经典著作。

③ 格维努斯（1805—1871），德国文学史家，政治家，著有五卷本《德意志民族文学史》。

④ 尤利安·施密特（1818—1886），德国文学史家，文学理论家，杂志编辑，著有四卷本《当代德意志精神生活图景》。

育机构的独一无二的价值，在半个多世纪及更长的时间里，甚至都没有被谈论，更不用说被承认了。这些人的价值在于：作为古典教育的预备者和引路人带领人们前进。只有被他们的手牵引着，人们才能找到通往古代的正确道路。

"每一种所谓的古典教育只有一个健康和自然的起点，即训练对母语的认真且严格的使用。然而，关于母语，以及形式的奥秘，很少有人能自发地、靠自己的力量到达正确的道路，实际上几乎所有人都需要那些伟大的向导和导师，必须把自己交给他们来照顾。根本没有哪种古典教育能离开培养对'形式'的感觉而生存并发展。在这里，在对形式和野蛮的鉴别力逐渐觉醒的地方，带人飞往教育的正确且唯一的故乡——即希腊古代——的翅膀，第一次扇动起来。诚然，在我们试图靠近那座用钻石城墙围筑起来的无限遥远的希腊文化城堡时，仅靠这对翅膀是飞不远的。事实上，我们重新需要同样的向导，同样的导师，也就是我们的德国经典作家，以便乘着他们的古老追求的翅膀，飞往我们渴望的国度——希腊。

"当然，关于我们的经典作家和古典教育之间的这种唯一可能的关系，几乎没有任何声音穿过古老的围墙进入文理中学。相反，古典语文学家们乐此不疲地亲自将他们的荷马和索福克勒斯引入年轻的心灵，并用一种未受质疑的委婉语气毫不犹豫地将其成果称为'古典教育'。但愿每个人都通过自己的经验来检验他们在那些不畏艰险的老师手中，从荷马和索福克勒斯那里得到了什么。这里充斥着最频繁、最严重的欺骗和无心传播的误解。我从来没有在德国文理中学中发现过哪怕是一丁点儿可称为'古典教育'的东西。只要想想文理中学是如何把自己从德国经典作家和

德语语言训练中解放出来的，上述事实就不足为
奇了。没有人能通过冒险的跳跃便进入古代文化。
然而，我们在学校中对待古代作家的方式，以及
我们的古典语文学教师勤勉的评注与校勘，就是
这样一种冒险的跳跃。

　　"对古典希腊的感觉是最艰苦的教育斗争与
艺术天赋的罕见成果，只有出于严重的误解，文
理中学才会声称它已经唤醒了这种感觉。那它是
在什么样的年龄尝试唤醒这种感觉的呢？在一个
激情澎湃又迷惘惆怅的年龄，在这个年龄，一个
人还根本不会知道，那种对希腊人的感觉一旦觉
醒，就会立刻变得具有攻击性，并陷入与当前所
谓的文化的激烈斗争。对现在的文理中学学生来
说，作为古希腊人的希腊人已经死了。他的确喜

欢荷马，但斯皮尔哈根①的小说更吸引他。埋头阅读希腊悲剧和喜剧使他感觉愉快，但像弗莱塔克②的《记者》这样的相当现代的戏剧才是真正让他兴奋的。对于所有的古代作家，他倾向于像艺术美学家赫尔曼·格林一样说话，后者曾在一篇题为《米洛的维纳斯》的冗长文章的最后向自己发问：'这个女神的形象对我来说是什么？她在我心中唤起的情感有什么用处？俄瑞斯特和俄狄浦斯，以及伊菲根妮和安提戈涅③，他们与我的心灵有什么共同之处？'是的，我的文理中学学生们，米洛的维纳斯不关你们的事，但也不关你们老师的

---

① 斯皮尔哈根（1829—1911），19世纪下半叶最成功的德国小说家，现实主义小说理论家和叙事艺术理论家，著有《问题人》《锤子与铁砧》《潮水》等多卷本小说。

② 弗莱塔克（1816—1895），德国文化史家，作家，首演于1852年的喜剧《记者》获得巨大成功，连续30年长演不衰。

③ 俄瑞斯特、俄狄浦斯、伊菲根妮、安提戈涅，均为古希腊悲剧中的人物。

事。这就是不幸，这就是目前文理中学的秘密。
如果你们的向导是瞎子，却假装是看得见的人，
那么谁能带领你们前往教育的故乡？如果你们被
有意宠坏，在应该教你们说话的地方让你们独自
结巴发言；在应该教导你们虔诚对待艺术作品的
地方让你们独立做审美判断；在应该强迫你们聆
听伟大的思想家的地方让你们独立做哲学思考，
那么你们中有谁会对艺术的神圣严肃性产生真正
的感觉？这一切的结果是，你们将永远远离古代，
并成为现时代的奴仆。

"现在的文理中学最有益的行动在于，在
数年之久的时间里认真对待拉丁语和希腊语。在
这里，人们学会了尊重那些具有严格规范的语言
和它们的语法词汇。在这里，人们仍然知道什么
是错误，不会每时每刻都被那种无理的声音所搅
扰，即哪怕语法和正字法混乱不堪，正如当今盛

行的德语风格所表现的那样，也属合情合理。如果这种对语言的尊重不是如此没有着落，不像一种理论负担那样在人们对待自己的母语时被轻松卸下，该有多好啊！事实上，拉丁语或希腊语教师通常不怎么理会自己的母语，他从一开始就把它当作这样一个领域，在这个领域中，人们可以把自己从拉丁语和希腊语的严格纪律的压迫中解放出来；在这个领域里，人们又可以像德国人对待一切本地事务时的态度那样，感觉轻松自在。那些从一种语言翻译成另一种语言的美妙练习，对本国语言的艺术感知也是非常有益的，但在涉及德语教学的地方，这种练习从未得到应有的、绝对严格的、怀着尊重的对待和实践。最近，这些练习也愈发少了。人们仅仅满足于了解陌生的古典语言，却不屑于真正掌握它。

　　"在这里，学术化倾向再次侵入文理中学的

教育观念。这一现象让人更加看清早期曾被认真
视为文理中学目标的人文教育。那是我们的伟大
诗人的时代，也就是少数真正受过教育的德国人
的时代。伟大的弗里德里希·奥古斯特·沃尔夫[①]
将新的古典主义精神引入文理中学，这种精神从
希腊和罗马而来，流淌在那些真正受过教育的伟
人身上。沃尔夫的大胆创举成功地树立了文理中
学的新形象，从现在开始，文理中学不仅成为培
育科学的园地，而且首先成为更崇高的教育的真
正圣地。

"在表面看来有必要的措施中，也有一些实
质上非常重要的措施，已经被传递到文理中学的
现代设计中，并取得了持久的成功。但是，最重
要的事情没有成功，即把这种新的精神赋予教师

---

① 弗里德里希·奥古斯特·沃尔夫（1759—1824），德国古典语文学家，
教育家，著有《荷马史诗导论》。

本身。因此，文理中学的目标又再次远离沃尔夫
所争取的人文教育。不仅如此，沃尔夫曾亲自克
服的对学术和学术化教育的绝对肯定，不费多大
力气就再次逐渐取得了根深蒂固的教育原则的地
位，并再次要求它的唯一的合法性，尽管它不像
过去那样大胆公开，而是戴着面具，将脸蒙上。
之所以无法把文理中学成功带入古典教育的伟大
轨道，是因为那些教育努力的非德国的、几乎是
外国的或世界主义式的特征；是因为人们相信，
即使从自己的脚下移走故土，仍然有可能站稳脚
跟；是因为他们妄想通过抹杀德意志精神或民族
精神，而无需桥梁地直接跳入陌生的希腊世界。

　　"当然，人们必须首先了解如何在它的藏身
之处，在时尚的伪装下或在瓦砾堆下寻找这种德
意志精神。人们必须热爱它，不为它枯槁衰朽的
外表而感到羞耻。最重要的是，人们必须注意不

要把它与现在骄傲地自称为'当代德国文化'的
东西混淆起来。一方面，实际上，德意志精神在
本质上与后者为敌。而恰恰是在这个'现时代'
经常抱怨缺乏文化的那些领域，这种真正的德意
志精神往往存活了下来，尽管在粗糙的外表下并
无悦目的形态。另一方面，现在特别自负地自称
为'德国文化'的东西是一个世界主义的大杂烩，
它与德意志精神的关系就好比日报记者之于席
勒，梅耶贝尔①之于贝多芬。在这里，影响最大的
是法国人最为根本上的非日耳曼文明，人们对它
进行拙劣模仿时，显示出最不自信的品位；在德
国的社会文化、新闻界及艺术领域对它的模仿中，
都表现出华而不实的特征。毫无疑问，这种模仿

①梅耶贝尔（1791—1864），德国作曲家，曾任柏林歌剧院艺术总监，
主要创作意大利语与法语歌剧作品，代表作有《魔鬼罗伯特》《先知》《非
洲女人》等。

在任何地方都无法达到艺术上自成一体的效果，如同从罗曼语文化的土壤中生长出来的独特文明至今仍在法国不断创造出的艺术效果。为了理解这种对比，可以将我们最著名的德国小说家与任何不太有名的法国或意大利小说家进行比较。双方都有同样可疑的倾向和目标，也有同样的更可疑的手段。但是，他们那里有艺术的严肃性，至少有语言的准确性，往往与美相结合，到处都是对相应的社会文化的回响，而我们这里的一切毫无独创性，哆哆嗦嗦，毫无底气，思想与表达呈现出邋遢模样，装腔作势，别扭至极，并且缺乏任何一种真实社会形态的背景，至多以博学姿态和满腹学问在提醒人们：在德国，堕落的学者成了日报记者，而在罗曼语系国家，记者是具有艺术修养的人。凭借这种本质上毫无原创性的所谓的德意志文化，德国人永远无望获胜。就本国文

化而言，法国人和意大利人令他羞愧，论及对外
来文化的熟练模仿，人们首先想到的则是俄国人。

"因此，我们更加坚定地持守德意志精神，
这种精神在德国宗教改革和德国音乐中彰显，并
且在德国哲学的巨大勇气和非凡严谨中，以及在
最近经过考验的德国士兵的忠诚中，显示出持久
的真实力量。凭借这种力量，我们有望战胜'现
时代'流行的伪文化。让施行真正教育的学校加
入到这场斗争中来，尤其要在文理中学中点燃成
长中的新一代对真正的德意志精神的热情，这就
是我们所希望的学校的未来行动。在这样的行动
中，所谓的古典教育终将重新获得它的自然立
足点和它唯一的起点。文理中学的真正复兴和
净化只能来自德意志精神的伟大而深刻的复兴
和净化。真正将最内在的德意志精神与希腊天才
联系起来的纽带是十分神秘和难以捉摸的。文理

中学的古典教育目标将一直无异于空中楼阁，直到真正的德意志精神的最崇高需求抓住希腊天才的手，一如在野蛮的洪流中抱住砥柱，直到从这种德意志精神中迸发出对希腊人的强烈渴望，直到令席勒和歌德沉醉的来之不易的希腊故乡成为最优秀和最有天赋的人的朝圣之地。那些想在文理中学中培育哪怕十分有限的科学性和学术性的人，至少不应该受到责备，因为他们眼前有一个真实而坚定的，毕竟也还是理想的目标，并努力将他们的学生从现今自命'文化'和'教育'的五光十色的幻象诱惑中解救出来。这就是现今文理中学的可悲状况：最狭隘的观点都自诩正确，因为没有人能够到达或至少指出一个地方——在那个地方，所有这些观点都被判定为错误。"

"没有人吗？"学生问哲学家，声音里有一丝颤抖。随后，两人陷入沉默。

第三次演讲

1872 年 2 月 27 日

尊敬的在座各位：

我曾聆听那一场跌宕起伏的谈话。凭借鲜活的记忆，我要继续为您讲述其中要点。在我上一次结束我的叙述时，那场谈话正被严肃而漫长的沉默所打断。哲学家和他的同伴默默地坐在那里，心情沮丧。刚才谈论的文理中学这个最重要的教育机构所面临的异常困境，像一个沉重的负担压在他们每个人的心头。要解除这个负担，少数有识之士未免势单力孤，而大多数人还不具备足够的识见。

有两方面的原因特别令我们孤独的思想者感到沮丧。首先是关于以下事实的清楚认识：理应被称作古典教育的东西，现在只不过是一个宛如空中楼阁的教育理想，它根本无法从我们目前的教育体制的土壤中生长起来；而那个流行的名号，隐晦地称为"古典教育"的东西，仅仅具有雄心勃勃的幻想的价值，充其量也不过是让古典教育这个词能够继续存在，不失去它的铿锵之声。其次，诚实的思想者在德语教学问题上共同明确了一个事实，即建立在古代文化基石上的较高层次的教育之正确起点至今仍未被寻见。语言教学的野蛮化，学究式的历史学方法取代了实际的规束和训练，强制的特定练习与我们新闻业的可疑精神相联系，所有这些在德语课上可以观察到的现象，都让人得出一个可悲的结论：我们的文理中学甚至压根儿没感受到源自古代的最有益的力量，这种力量可以被用来准备好与当前的野蛮行径做斗争，或许它将再次把文理中学变成这一场斗争的武器库和兵工厂。

与此同时，我们似乎看到相反的情况，仿佛古典精神还未进门就要被驱逐出文理中学，仿佛人们想要在此地为听惯了甜言蜜语的自命的"德国文化"敞开大门。如果说，我们孤独的深谈者还能抱有什么希望的话，那就是，情况必定会变得更糟，以至于少数人已经领悟的东西，很快就会被大多数人看得分明；到那时，在大众教育这个严肃的领域，属于诚实和坚决的人的时代将不再遥远。

因此，我们更加坚定地持守德意志精神，哲学家说，这种精神在德国宗教改革和德国音乐中彰显，并且在德国哲学的巨大勇气和非凡严谨

中，以及在最近经过考验的德国士兵的忠诚中，
显示出持久的真实力量。凭借这种力量，我们有
望战胜"现时代"流行的伪文化。让施行真正教
育的学校加入到这场斗争中来，尤其要在文理中
学中点燃成长中的新一代对真正的德意志精神的
热情，这就是我们所希望的学校的未来行动。在
这样的行动中，所谓古典教育终将重新获得它的
自然立足点和它唯一的起点。文理中学的真正复
兴和净化只能来自德意志精神的伟大而深刻的复
兴和净化。真正将最内在的德意志精神与希腊天
才联系起来的纽带是十分神秘和难以捉摸的。文
理中学的古典教育目标将一直无异于空中楼阁，
直到真正的德意志精神的最崇高需求抓住希腊天
才的手，一如在野蛮的洪流中抱住砥柱，直到从
这种德意志精神中迸发出对希腊人的强烈渴望，
直到令席勒和歌德沉醉的来之不易的希腊故乡成

为最优秀和最有天赋的人的朝圣之地。那些想在文理中学中培育哪怕十分有限的科学性和学术性的人，至少不应该受到责备，因为他们眼前有一个真实而坚定的，毕竟也还是理想的目标，并努力将他们的学生从现今自命"文化"和"教育"的五光十色的幻象诱惑中解救出来。

沉默半晌后，那位同伴转向哲学家，对他说："我的老师，您想鼓舞我的勇气，而您也确实增进了我的洞察力，也增强了我的力量和勇气。我现在的确能更大胆地注视战场，我的确已经不再认同我太仓促地逃离。我们不寻求自己的好处，我们甚至也不该关心有多少人在这场斗争中丧生，以及我们自己是否是最先阵亡的。正因为我们认真对待这场战斗，所以我们不应该把我们可怜的个人看得那么重要；一旦我们倒下，就立刻有别的人接过我们所信仰的荣誉旗帜。我甚至

不想考虑我是否有足够的力量投入战斗，我能否
长久地抵抗；倒在那些敌人的大笑下甚至也是一
种光荣的死亡，他们的严肃面孔在我们看来常常
十分可笑。当我想到我的同龄人都在准备从事与
我相同的职业，即教师这一最崇高的职业时，我
就明白，我们经常为完全相反的事情大笑，对极
为不同的东西板起严肃的面孔。"

"好吧，我的朋友，"哲学家笑着打断了他
的话，"你说话就像一个不会游泳就想跳进水里
的人，比起溺水更害怕没有溺死而被人嘲笑。但
是，被嘲笑应该是我们最不必害怕的。因为我们
在这里有那么多的真相要讲，那么多可怕的、难
堪的、不可原谅的真相，以至于我们免不了遭受
极端仇视，不时听到敌人咬牙切齿的尴尬笑声。
试想一下，无数的教师本着最大的诚意接受了迄
今为止的教育体制，然后信心满满地、不假思索

地将它继续推行下去。当他们听到因为'自然的恩赐'①而把他们排除在外的计划时，当他们听到远远超过他们平庸资质的高不可及的要求时，听到那些无法在他们心中产生共鸣的希冀时，听到他们甚至不理解其战斗口号的那些斗争时，你认为他们会有什么感受？在这些斗争中，他们只是迟钝而顽固的沉重如铅的乌合之众。然而，毫不夸张地讲，这必定是较高层次的教育机构绝大多数教师的处境与现状。是的，任何人只要考虑到现在这类教师通常是如何产生的，如何成为这种高等教育的教师，那么他就不会对这样的状况感到惊讶。现在几乎到处可见数量如此夸张的高等教育机构，以至于这些机构所需要的教师人数持续不断地超过一个禀赋优异的民族天然所能产生

---

① 拉丁语 beneficio naturae。

的教师人数总量。于是，无数未受使命召唤的人
进入这些机构，并且靠着他们的人数优势，凭借
物以类聚的本能，逐渐决定了这些机构的精神实
质。他们误以为可以通过建立某些规章制度，不
必削减数量就能把我们的文理中学和教师在数量
上的繁荣转变为真正的繁荣，即天赋与才智的繁
荣。这样的人最终只能失望地放弃插手教育事务。
相反，我们必须得出一致结论：只有极少数人被
派遣走上一条真正的教育的道路，为了他们的成
功发展，数量少得多的较高层次的教育机构就已
足够；而在目前大量设置的教育机构中，恰恰是
那些最需要受益于教育的人，却最没有感受到教
育，尽管正是因为这些人，方才建立了这类机构。

"教师的情形同样如此。一方面，恰恰是那
些最优秀的人，那些按照最高标准配得上这个荣
誉称号的人，在文理中学的现状下，最不适合教

育那些未经挑选、良莠不齐的青年人，并且不得不把他们所能提供的最好的东西一定程度上向这些年轻人保密。而另一方面，绝大多数教师都自认为他们关于这些机构的考虑是合理的，因为他们的天赋与学生志趣的贫乏处于某种和谐的关系中。正是从这大多数人的口中，响起了创办更多文理中学和较高层级教育机构的呼声。我们生活在这样一个时代，这个时代通过这种持续不断、变化多端的呼声，唤起一种印象，仿佛在这个时代中有一种对教育的巨大需求正在渴求得到满足。但恰恰是在这里，人们必须了解如何正确地倾听；恰恰是在这里，人们必须直视那些不知疲倦地谈论他们时代的教育需求的人，不为其高谈阔论所动。然后，人们会经历一种奇怪的失望，就像我们，我亲爱的朋友，经常经历的那样：那些高声呼吁满足教育需求的人，在近距离的检视之下，突然变成了真正的教育——坚持高贵精神的教育——的起劲的，甚至是狂热的反对者。因为从根本上说，他们的目的是将大众从少数伟人的统治中解放出来；从根本上说，他们力图颠覆智力王国中最神圣的秩序，即摧毁群众的仆役地位，他们的谦卑顺从，以及他们在天才权杖下的忠诚本能。

"我早已习惯于谨慎对待所有热衷于支持所谓'大众教育'的人。因为他们多数时候，在野蛮狂欢的时代潮流中，都自觉或不自觉地想得到彻底放纵的自由，这种自由是自然的神圣秩序永远不会给予他们的。他们生来就是为了服役，为了服从。他们爬行、跛足、翅膀瘫痪般的思想活动的每一刻，都证明了大自然是用怎样的陶土塑造了他们，又在这块陶土上打下了怎样的烙印。因此，我们的目标不能是针对大众的教育，而是针对少数特选的、只待千秋伟业之人。我们知道，公正的后人只会根据一个时代中孤独前行的伟大英雄来判断整个民族的教育状况，根据他们被认可、支持、尊敬，或者被埋没、虐待、毁灭的情况，来做出评价。通过直接的途径，例如通过初等义务教育，只能以非常表面和粗糙的方式接近所谓的大众教育。实际的、更深刻的领域，也就是在大众与人文修养有所接触的地方，在人们怀着宗教本能的地方，在他们继续书写他们的神话故事的地方，在他们坚持忠于他们的习俗、法律、故土和语言的地方，所有这些领域都几乎不可能用直接的方式到达，除非通过暴力破坏。在这些严肃的问题上真正促进对大众的教育，就是尽可能抵御那种暴力破坏，并维护一种有疗愈作用的无意识状态，即一种大众的健康安眠。如果没有这种应对措施，没有这种治疗手段，任何文化都不可能在那种暴力的刺激与摧残下继续存在。

"有些人想打断人们有益健康的安眠，我们知道他们竭力追求的是什么。他们在不断地向民众呼唤：'要清醒，要觉悟，要聪明！'我们知道他们的目标是什么，这些人声称要通过所有教育机构的超常增长，通过他们借此创造的自信的教师群体，来满足对教育的巨大需求。正是这些人，正是用这些手段，他们与智力王国的自然等级秩序做斗争，他们破坏了那些从民众的无意识状态中爆发出来的最高贵力量的根基，这些力量的母性使命在于诞生天才，并给予他正确的教育和照顾。只有借助母亲这个比喻，我们才能理解一个民族的真正教育对天才的意义和义务。天才的实际起源并不在于母亲，可以说他只有一个形而上的起源，只有一个形而上的家乡。但是，他的出现，他从一个民族中间出现，他代表着这个民族所有独特力量的浓墨重彩的反射图像，他在个体的隐喻本质和永恒的作品中彰显了一个民族的最高使命，从而将他的民族与永恒相联结，将它从转瞬即逝、变化无常的领域中救赎出来，只有当他在民众教育这个母亲的怀抱中得到养育和照顾时，他才能做到上述这一切。如果没有这样一个给予他庇护和温暖的家乡，他就完全无法展翅作他永恒的飞翔，只会悲伤地，像一个流落在冬日原野的异乡人，从荒芜的土地上蹒跚离开。"

"我的老师，"那位同伴说，"您的天才形而上学让我吃惊，我只能模糊地猜测这个比喻的正确含义。另外，我完全理解您所说的关于文理中学数量过多和由此产生的高级教师数量过多的问题。正是在这一领域，我曾获得的经验向我证明了这样一个事实：文理中学的教育趋向必须根据这个巨大的教师群体来衡量。他们在本质上与教育无关，只是因为最初的人手不足才走上这条道路，取得这些权利。所有那些曾经在获得启示光照的顿悟时刻，使自己确信希腊世界的独特和难以企及，并以艰苦的斗争来捍卫这一信念的人，他们都知道，进入这些启示光照的机会永远不会向许多人开放；并且他们认为，如果有人经由职业道路，为了谋生而和希腊人打交道，就像和一件日常的工匠用具打交道那样，并毫无顾忌地用工匠的手在这些圣物上摸索，那么这就是一种荒谬的，甚至是渎神的行为。但恰恰是在产生了最多数量的文理中学教师的那个群体中，即在古典语文学家的群体中，这种对希腊世界的粗鲁和不敬的态度是最普遍的。正因如此，这种态度在文理中学中的传播和传承并不令人惊讶。

"看看年轻一代的语文学家吧。人们很少发现他们有那种羞耻的感觉，认为我们在希腊世界里没有权利存在。相反，这群雏鸟在最宏伟的庙宇中筑起它们可怜的巢穴时，是多么冷静又大胆啊！他们从大学时代起就如此自满地、无所忌惮地徘徊在希腊世界的惊人废墟上。向着他们中的绝大多数人，希腊世界应该从每个角落响起一个强有力的声音：'离开这里！你们这些未蒙神启的人，你们这些永远不会接受神启的人，默默地离开这个圣地吧，默默地、羞愧地离开！'唉，这个声音只是徒劳地响起。因为一个人必须有一些希腊人的禀赋，才能理解希腊人的诅咒和咒语！但那些人是如此野蛮，以至于他们适应环境后竟在这些废墟中舒舒服服地把自己安顿好了。他们把所有的现代的舒适享受和消遣爱好都带来了，并把它们藏在古色古香的廊柱和墓碑后面。尔后，当人们在古代的地域中再次发现自己之前狡猾地放进去的东西时，便高声地欢呼喝彩。一个人作了诗句，且懂得查阅赫西奥①的辞典，他便立刻确信他被召唤成为埃斯库罗斯的继承人，而且他还能找到一些信徒，声称他与埃斯库罗斯具有同等天赋！他这个作诗的屠夫！另一个人带着警察般的怀疑眼光，寻找所有矛盾，寻找荷马所陷入的所有矛盾的影子，他把自己的生命浪费在撕碎和缝合从华丽的长袍上偷来的荷马的碎片上。第三个人对古代的所有神秘和狂欢感到不适，他决定一劳永逸地只接受开明的阿波罗，并在雅典人身上看到一个开朗、聪明，但有点不道德的阿波罗形象。当他再次把古代的一个黑暗角落带到他光明的启蒙高山上时，当他在古老的毕达哥拉斯身

---

① 古希腊文语言学家和神秘主义者，编写了《希腊文辞典》，其中包含早期古希腊语至中期拜占庭时期的语言使用规范。这本辞典是现存最重要的对古希腊语言的记录之一，对古希腊语言学和手稿学研究具有重大价值。

上发现一个正直的启蒙政治的同道时，他是怎样
如释重负地长舒一口气啊。还有一个人在苦苦思
索，为什么俄狄浦斯注定要做那种可恶的事情，
要杀死他的父亲，要娶他的母亲。罪过在哪里！
诗意的正义在哪里！他突然明白了：俄狄浦斯其
实是个过于激动的家伙，没有基督徒的温和，当
提瑞西阿斯①称他为怪物和整个国家的诅咒时，
他甚至陷入了非常不体面的狂躁。'温柔点！'也
许索福克勒斯想这样教导人，'否则你会娶你的母
亲，杀死你的父亲！'还有一个人一辈子都在数
希腊和罗马诗人的诗句，并以发现诸如 7∶13 和
14∶26 的比例为乐。最后有一个人甚至承诺从介
词的角度解决《荷马史诗》中的问题，并相信他

---

① 古希腊神话中的一位盲人先知。

能用 ἀνά 和 κατά^① 从深井里打捞出真理。所有这
些人都带着各自的五花八门的倾向，在希腊的土
地上挖掘翻找，如此笨拙不堪，如此忙不停歇，
如此四处抓瞎，以至于任何一个严肃的古代爱好
者都不能不感到害怕。因此，我想牵着每一个有
天赋或没有天赋的人的手，只要他流露出某种对
古代世界出于职业原因的兴趣，以如下方式郑重
对他说：'你知道有什么样的危险在威胁着你吗，
只有中等的学校知识的储备就被打发上路的年轻
人？你是否听说，根据亚里士多德的说法，被雕
像砸死是一种不算悲惨的死亡^②？而恰恰是这种死
亡在威胁着你。你感到惊讶吗？那么你该知道，

---

① 在希腊语中，ἀνά 和 κατά 都是前缀，可以与不同的词根结合使用。
ἀνά 表示向上、上升，或者表示重复或强调某个动作或状态。κατά 表
示向下、下降，或者表示强调某种位置或状态。

② 出自亚里士多德《诗学》1452a，第 7—10 行。

几个世纪以来，语文学家们一直在努力重新抬起希腊世界中崩塌并陷进泥土里的雕像，直到现在仍然力不从心。因为它是一个巨像，单个的人好似侏儒在上面爬来爬去。巨大的共同努力和现代文化的所有杠杆都已经被应用。一次又一次，那雕像还没有从地面上完全抬起，它就又倒下了，并且压碎了所有在它下面的人。这事难免会发生，因为每一个生命都必定因某些事情而灭亡。但谁能保证在这些尝试中，雕像本身不会碎裂呢！语文学家在希腊人手中灭亡，这件悲惨的事也许是人们还能够承受的，但希腊世界本身在语文学家手中碎裂成无数碎片却令人忍无可忍！好好想想吧，鲁莽的年轻人，回去吧，如果你不是一个圣像破坏者①！'"

---

① 欧洲中世纪时期曾发生两次破坏基督教会所供奉圣像的运动。后把打破传统观念或破坏艺术作品的人称作圣像破坏者。

　　"的确，"哲学家笑着说，"现在有许多语言学家已经回去了，就像你要求的那样。与我年轻时的经历形成巨大反差的是，他们中的许多人自觉或不自觉地得出结论，认为和古代文明的直接接触对他们来说是无用的，是没有希望的。这就是为什么即使是现在，这种研究也被大多数语文学家认为是贫瘠、衰败和拙劣模仿的。这群人以更大的兴趣投入语言学的研究。在这里，在一望无际的新开垦的土地上，鉴于新方法的不确定性，以及不断出现的奇异错乱的危险，目前即使是最平庸的天赋也能得到发挥，适度的清醒就已经被认为是一种积极的天赋；在这里，按部就班地工作恰恰是最理想的事情。在这样的地方，不会冒出从古代废墟中发出的严肃的、斥责的声音，吓退一个试图靠近的人。在这样的地方，每个人仍然受到张开双臂的欢迎，即使是那些从未在索

福克勒斯和阿里斯托芬身上得到过非同寻常的启
示，或产生过值得尊敬的思想的人，也会被成功
地放在词源学的织布机旁，或被要求收集冷僻的
方言碎片，他的一整天就这样消耗在连接和分离、
收集和分散、奔来跑去和在故纸堆中东翻西找上。
然而现在，一个如此有用的语言学家，还要首先
是一个教师！现在他必须根据他的职责，为了文
理中学的年轻人的福祉，讲授一些关于古代作家
的知识，而他自己对这些作家从来没有任何印象，
更没有任何见识！多么令人尴尬啊！古代文明没
有告诉他什么，因此他对古代文明也无话可说。
突然，他明白了：为什么他是一个语言学家！为
什么那些作家要用希腊语和拉丁语写作！于是，
他愉快地立即从荷马开始，着手词源学研究，并
参考立陶宛语或教会斯拉夫语，尤其是神圣的梵
语，仿佛希腊语课程只是为实际引入语言研究而

发明的一个借口，仿佛荷马史诗只有一个原则性的错误，就是它不是用古印欧语写成的。了解现在的文理中学的人都知道，他们的老师与古典主义的倾向有多么疏远，而正是由于这个缺陷，那种历史比较语言学的研究才变得如此盛行。"

"我认为，"那位同伴说道，"重要的是，一位古典教育的老师不会把他的希腊人、罗马人与其他的野蛮民族混为一谈。对他来说，希腊语和拉丁语永远不可能是其他语言中的一种。从他的古典主义趋向来说，这些语言的骨架是否与其他语言的骨架对应和相关是无所谓的。对应的东西对他来说不重要，恰恰是那些不相同的东西，恰恰是那些将这些民族作为非野蛮的民族置于所有其他民族之上的东西，才是令他真正感兴趣的，只要他是一个古典教育的教师，并希望依照古典的崇高典范来重塑自己。"

"是我搞错了吗？"哲学家说，"我怀疑，在现在的文理中学教授拉丁文和希腊文的方式中丧失掉的，恰恰是娴熟的能力，即在口语和写作中表现出来的对语言的自如运用能力。这正是我这已经落伍的、人数稀少的一代人所擅长的。而在我看来，现在的老师正在把如此狭隘的寻究历史的方法传授给他们的学生，以至于这些学生到最后至多长成一些个小梵文学家，或词源学小鬼，或修纂学怪人。但他们中没有一个人能够像我们这些老人一样，令他们自己满意地阅读他们的柏拉图，他们的塔西佗 ①。因此，文理中学现在可能还是培育学问的园地，但这个学问并不是追求崇高目标的教育的天然副产品，而是类似于不健康的躯体的肥大肿胀。文理中学正是培育这种学问

---

① 塔西佗（55—116），古罗马历史学家，演说家，著有《日耳曼尼亚志》、14卷本《历史》和16卷本《罗马编年史》。

上的肥大症的园地，假如它还没有堕落成一个训
练野蛮的竞技场的话，而这种野蛮现在则自诩为
'当今时代的德国文化'。"

"但是，"那位同伴回答说，"那些可怜的、
人数众多的教师应该到哪里去避难呢？大自然没
有给他们提供真正的教育的天赋，他们只是由于
人手不足的困难——因为大量的学校需要大量的
教师——以及为了养活自己，才获得了自称文化
教育的老师的权利！当古代文明严厉地拒绝他们
时，他们该到哪里去避难呢？他们不是只能成为
当下诸种势力的牺牲品吗？这些势力的声音日复
一日、不知疲倦地从报刊中响起，向着他们呼喊：
'我们是文化！我们是教育！我们正处于巅峰状
态！我们是金字塔的顶端！我们是世界历史的目
的！'他们听着这些诱人的承诺；在他们面前，
最可耻的非文化现象、报刊读者的所谓'文化兴

趣'，被颂扬为一种全新的、最高级的、最成熟的
教育形式的基础！那些可怜人应该到哪里去避难
呢？他们身上还残存着一丝洞察力，发觉那些承
诺其实无比虚假；除了躲到最沉闷、最琐碎乏味
的科学研究中去，以便不再听到对教育的不懈呼
声，他们还能逃到哪里去呢？在这样的迫害下，
他们最终难道不是只能像鸵鸟一样，把头埋在沙
堆里吗？对他们来说，被掩埋在方言对比、词源
考证和修订校勘等研究工作下面，过着蚂蚁般的
生活，即使和真正的教育相距遥远，也至少还能
对种种优雅的现时代文化的声音充耳不闻，这难
道不是一种真正的幸福吗？"

"你说得对，我的朋友，"哲学家说，"但
是，必须要有大量的学校，从而必须要有大量的
教师，这种铁律的必要性在哪里呢？既然我们已
经如此清楚地认识到，这种过量的需求来自与教

育相敌对的领域，而且这种过量的后果只会对败坏教育有利。事实上，只有当现代国家习惯于在这些问题上发言，并习惯于在提出要求的同时打击它的装备力量①时，才有可能谈到这种铁律的必要性。这种现象会给大多数人留下同样的印象，就好像永恒的铁律的必要性、事物的根本法则在对他们说话一样。顺便说一句，一个带着这样的要求说话的所谓'文化国家'，是一种新的东西，只是在过去的半个世纪里才成为一个'不言而喻'的事情，也就是说，是在这样一个时代，这个时代感觉许多事物都是——用它最喜欢的词来说——'不言而喻'的，而它们本身其实完全并非不言而喻。恰恰是最强大的现代国家——普鲁士，如此重视对教育和学校的最高领导权，以至

---

① 指官僚、军队、教育机构等为国家所掌握的势力。

于鉴于这种国家制度所固有的威权，它所采取的原则具有一种普遍的威胁着真正的德国精神的危险含义。因为在这里我们可以看到，将文理中学推向所谓的'时代高峰'的努力已经变得严格系统化了。在这里，所有这些手段都在蓬勃发展，通过这些手段，越来越多的学生被激励去接受文理中学教育。在这里，国家甚至成功地运用了它最有力的手段，即给予某些文理中学与兵役有关的特权。根据统计官员的自然证词，正是从这一点，也只有从这一点，才能解释所有普鲁士文理中学普遍的人满为患现象，以及对新建更多学校的持续而迫切的需求。为了支持这些数量庞大的教育机构，国家还能再做些什么？它强制将所有高级和大多数低级的官员职位、接受大学教育的资格，甚至是最有影响力的军事特权，与文理中学教育相关联。而且这一切发生在这样一个国家，在这个国家，无论是被广泛认可的普遍义务兵役制，还是无所约束的公职人员的政治野心，都不自觉地把所有具有天赋的人们引向这些方向。在这里，文理中学首先被视为某种荣誉的台阶：每一个自觉对政治追求有欲望的人，都会出现在文理中学。这是一个新的，至少是独创的现象：国家以文化的秘密主教自居，在推行它的政策的时候，迫使它的每一个仆人手握国家普遍教育的火把站在它面前，让他们在跳跃闪烁的火光中认出，它就是最高的目标，它就是他们所有教育努力的回报。这最后一个现象应该使他们感到惊奇，它会使他们想起他们逐渐领会的那个相关趋向，也就是由国家提倡，并以国家目的为目标的哲学的趋向，即黑格尔哲学的倾向。是的，也许可以毫不夸张地说，在使所有教育努力都绝对服从于国家目的的行动中，普鲁士成功获得了黑格尔哲学的实际遗产，这一哲学对国家的神化在这种绝对服从中达到了顶峰。"

"但是，"同伴问道，"一个国家在这种畸形的哲学中能追求怎样的目标？普鲁士的教育状况被其他国家欣赏羡慕、仔细研究并且努力模仿，从这个现象中可以看出，它追求的确实是国家利益。这些国家显然猜测在这里有着某种能以类似的方式有利于国家的存续和强大的东西，例如那个著名的、已经相当流行的兵役制。在这里，每个人都短暂地、自豪地穿着士兵的制服，几乎每个人都通过文理中学吸收了统一的国家文化，以至于过度热情的人们忍不住要提说古希腊的状况，提说唯一曾在古希腊实现过的国家的绝对权力。在那里，几乎每一个年轻人都出于本能或被教导而确信：国家就是人类存在的最高成就和最高目的。"

"这种对普鲁士和希腊国家的比较，"哲学家说，"未免太过热情，而且，单方面比较是站不住脚的。因为古希腊的国家尽可能远离的，正是这种对实用性的考虑。这种考虑只允许教育在对国家直接有利的情况下发挥作用，甚至要消灭那些无法立刻服务于国家目的的教育追求。深刻的希腊人对国家有一种几乎令现代人反感的钦佩和感激之情，因为他认识到，如果没有这样一个提供救助和保护的国家机构，任何一种文化的萌芽和发展都是不可能的；并且，希腊人的整个不可复制的、独一无二的文化，恰恰是在国家的救助和保护机构的精心、明智的照料下才如此强盛地生长起来。对希腊的文化来说，国家不是一个边防哨卫，一个看守者，一个监管者，而是一个粗犷的、肌肉发达的战友和装备精良的伙伴，这个伙伴陪伴他那令人钦佩的、几乎是超自然的高贵朋友去经历艰难坎坷，并因此收获由衷的感谢。相反，如果现代国家现在声称有权要求一种狂热的感激之情，那肯定不是因为它意识到自己有着为最崇高的德意志教育和艺术服务的义务。因为在这一方面，它的过去和它的现在一样可耻。人们只需想一想，在德国各大城市，纪念我们的伟大诗人和艺术家的活动是如何进行的，以及这些德国大师的伟大艺术计划在多大程度上得到了国家的支持。

"因此，以各种方式促进所谓'教育'的国家趋向，以及得到国家支持、服从于这种国家趋向的文化，这两者都有其特殊性。那种国家趋向与真正的德意志精神，以及源自这种精神的教育——正如我用犹豫不决的笔触，为你，我的朋友，勾勒出来的那样——处在一种公开或隐蔽的斗争中。那种对国家目的有利、得到国家热情支持的教育，其精神——国家借此使自己的学校制度在国外备受称赞——必定来自一个与真正的德

意志精神不曾接触的领域。真正的德意志精神从
德国宗教改革、德国音乐、德国哲学的最核心处
如此奇妙地同我们说话，就像一个高贵的流亡者，
它遭到的驱逐和蔑视，恰恰来自通过国家途径得
到蓬勃发展的那种教育。真正的德意志精神是一
个异乡人，他在孤独的悲伤中默默从那里经过——
在那里，圣礼的香炉在那个伪文化面前被点燃，
这个伪文化在'受过教育的'的教师和报纸作家
的赞誉下，篡夺了他的名字、他的尊严，并在'德
意志'这个字眼上玩着可耻的游戏。为什么国家
需要那么多的教育机构、那么多的教师？为什么
要有这种广泛推行的大众教育和大众启蒙？因为
真正的德意志精神被憎恨，因为人们害怕真正的
教育的高贵本质，因为人们想通过在大多数人中
激发对教育权利的要求，来把伟大的少数人驱赶
到自我放逐中去，因为人们试图通过说服大众，

使他们相信国家的晨星会为他们指明道路，以此逃避伟大向导的严格与苛刻的纪律！这是一个新现象！国家成为教育的引路人！然而，到目前为止，仍然有一个事实让我感到欣慰：这个饱受攻击的德意志精神是英勇无畏的。人们徒劳地试图用一个外表光鲜的伪精神来取代它，而真正的德意志精神将勇敢战斗，拯救自己进入一个更纯净的时代。它将高贵地（一如它的本性）、胜利地（一如它即将成为的）给予国家真挚的同情，如果国家在极度艰难的处境中，不得不寻求与那种伪文化的联盟的话。毕竟，人们对治理一个国家的难度知之甚少——国家要在一个自私钻营、不公正、不诚实、不正直、争竞嫉妒、狭隘无比、邪恶乖张的世代那数以百万计的民众中，维持法律、秩序、安宁与和平，随时防备贪婪的邻居和凶狠狡诈的强盗，以保护国家本身的微薄财富。

一个承受如此巨大压力的国家，自然会迫切寻找每一个盟友。这时，如果有一个盟友花言巧语地自告奋勇，像黑格尔所做的那样，把国家叫作'绝对完善的伦理机制'，并宣称教育的任务就是让每个人找到自己最能为国家效劳的那个位置，那么，当国家毫不犹豫地搂住这样一个自荐者的脖子，坚信不疑地用它低沉、野蛮的声音向他喊出'是的！你就是教育！你就是文化！'时，谁会感到惊讶呢？"

第四次演讲

1872 年 3 月 5 日

我尊敬的听众：

　　您已经忠实地跟随我的叙述走到了这一步，我们已经共同聆听了哲学家和他的同伴之间那段孤独、悠远、时而尖锐刺耳的谈话。我希望，您会像强壮的游泳能手一样，有兴趣继续我们的下半场泳程，尤其是现在我可以向您保证，在我那段特殊经历的小小木偶戏舞台上，将有新的角色登台亮相。假如您到目前为止只是耐心忍受的话，那么现在开始的叙述浪潮，将会把您更轻松、更快地带到终点。因为我们现在即将到达一个转折点。这个时候，更明智的做法也许是先做一个简单的回顾，以确认我们从那场如此精彩纷呈的谈话中收获了什么。

"坚守你的岗位！"哲学家好像在对他的同伴喊道，"你可以怀抱希望。因为越来越明显的是，我们没有真正的教育机构，但我们必须拥有。就其天赋而言，我们的文理中学理应为这个高尚目的而存在。然而，它要么已经沦为一个可疑文化的摇篮，拒斥那种真正高贵的、以明智的优选机制为基础的教育，要么热衷于制造一种琐细、枯索，至少是远离教育的学究氛围，其价值至多是在面对那种可疑文化的诱惑时，把人们的眼睛和耳朵都蒙上。"哲学家首先提醒他的同伴，怪异的衰败必然会侵袭一个文化的核心，假如国家相信自己能控制这个文化，假如国家利用它来实现国家利益，假如国家联合它去攻击敌对势力，包括攻击被哲学家大胆地称为"真正德意志"的精神。德意志精神通过最高贵的需求与希腊人联结在一起，在过去的艰苦岁月中久经考验，证明了它的坚忍与勇敢。它的目标是纯粹和高尚的。借助它的艺术，它有能力胜任这项崇高使命，即把现代人从现代性的魔咒下拯救出来。这个精神注定要孤独地远离它的遗产而生活。但是，当它那沧桑悲凉的哀叹声在现时代的沙漠响起时，负载沉重、披挂花哨的教育商队便都会惊慌失色。我们不仅应该带来惊奇，更应该带来惊恐，这是哲学家的观点；不应胆怯地逃开，而应主动进攻，这是他的建议。他特别劝说他的同伴，不必太担忧那些个别的人，因为凭借更高的直觉，他的心中会喷涌出对当今野蛮现象的极度厌恶。"任他灭亡吧，毕狄亚^①女神不愁找不到一个新的三脚架，找不到第二个毕狄亚，只要神秘的雾气仍从地底升起。"

哲学家再次抬高声音："你们好好记住了，我的朋友们，"他说，"有两件事你们不能混淆。为了生存，为了进行生存斗争，一个人必须学习很多东西。但是，他作为一个个体以这一目的学习的一切，仍然与教育没有任何关系。相反，教育开始于遥远的高空，高高悬挂在充满疾苦、匮乏与生存斗争的世界上空。现在值得思考的是：一个人如何评价自我，如何与其他人的自我相比？他需要花费多少力气去进行个人的生存斗争？有

---

① 阿波罗神庙中的女先知和祭司，端坐在冒气的地裂上方的一个三脚架上。大力神赫拉克勒斯曾偷走三脚架和其上的锅炉。

一些人会通过斯多葛学派①的方式严格限制自己的
需求，从而快速上升到那个领域，在那个领域里，
他可以忘却或摆脱他的自我，可以在无限与无私
的宏伟秩序中享受永远的青春。另一些人把他的
自我的作用扩张到如此大的范围，以如此惊人的
规模为他的自我建造一座摩索拉斯王陵②般的纪念
碑，就好像他有能力在角斗中战胜那个可怕的对
手——时间。这种欲求也体现了人们追求不朽的
渴望。在这里，财富、权力、聪明、敏锐、善言、
声望和荣誉，都只是手段，永不满足的个体生命
意志借助这些手段追求新的生活，渴望一个最终
只是幻象的永恒。

———————————

① 古希腊的四大哲学学派之一，属于伦理学范畴，主要有三个主张：美
德即幸福、情感源于主观判断、顺应自然地生活。
② 宏伟震撼的摩索拉斯王陵被誉为古代世界七大奇观之一，墓主人波斯
帝国总督摩索拉斯的名字已成为西方语言中"陵墓"（mausoleum）的
代名词。

　　"然而，即使是在自我的这种最高形式中，在如此广泛的、几乎是集体性的个体最高需求中，也不存在和真正教育的任何关系。如果从这个角度出发去追求艺术，那么我们所能看到的，恰恰只是艺术那使人精神涣散或令人异常亢奋的效果。这些效果与纯粹而高尚的艺术没有丝毫关系，却最擅长激发卑劣肮脏的艺术。因为，一个人所有的行动和追求，哪怕看起来无比伟大，实际上从未摆脱他的野心勃勃、欲壑难填的自我。无我的沉思冥想，于他而言是一片遥不可及的澄明天地。所以，尽管他学习、旅行、采集，他仍然不得不生活在永远与真正的教育相隔绝的地方。因为真正的教育痛恨被贫乏、贪婪的个体所玷污。它懂得聪明地躲避那些妄图利用它来实现自私目的的人。当人们自以为已经抓紧它，可以把它变成一个营生的手段，用它来解决生活的疾苦时，它却带着嘲讽的表情突然消失得无影无踪。

"所以，我的朋友，不要把这一种教育，这个纤足、娇惯的天界仙女，与那个任人使唤的婢女混淆起来。后者时常自诩为教育，其实不过是一个照料生计和收益的聪明女仆。任何以一个职位或一种营生方式为目标和终点的教育，都不是真正的教育，而只是一种指导，指教人们如何在生存斗争中进行自我保护。当然，这样一种指导对绝大多数人来说是极其重要的。生存斗争越艰难，年轻人就越要学习更多的东西，越要紧张地调动自己的全部力量。

"但愿没有人会相信，这些赋予他能力、激励他去进行生存斗争的机构，可以在严肃意义上被看作教育机构。这是一些以解决生计问题为目的的机构，不管它们如何承诺要培养公务员、商人、军官、农场主、医生或技术师。实际上，在这样的机构里实行的是另一套法则和标准，与真正的教育机构必须的规则完全不同。前者所允许甚至命令的东西，对于后者却可能是一种渎神的罪恶。

"我的朋友，我要给你们举一个例子。假如你们要陪伴一个年轻人走在正确教育的道路上，那么你们要小心，不要破坏了他和自然之间天真信任、亲密无间的关系。森林、岩石、风暴、秃鹰、花朵、蝴蝶和草地，都必须以自己的语言向他说话。他必须在它们里面，仿佛在无数光影镜像和彩色幻象的旋涡中，认出他自己。如此，他将凭借自然的伟大譬喻，于不知不觉间感应到万事万物形而上的统一，并在自然的永恒性和必然性上获得心灵的抚慰。然而有多少年轻人被允许在如此亲近自然的环境中长大成人？多数人不得不早早学习另一个真理：如何去征服自然。天真的形而上学在这里终结。植物学、动物生理学、地理学和无机化学，都在逼迫它们的信徒以完全不同的眼光去观察大自然。这种强制的新方法让人丧失的，不是什么诗意的幻想，而是对大自然本能的、唯一真实的理解。现在，一种聪明的算计和对大自然的欺骗代替了这种理解的位置。因此，真正受过教育的人被赋予了极其宝贵的财富，他可以毫不间断地忠于他童年时代的沉思本能，由此达到一种宁静和统一，一种联结与和谐，这样的恬静祥和是一个被卷入生存斗争的人未曾梦见的。

"你们不要以为，我的朋友，我会吝啬对我们的实科中学和高级市民中学的赞美。我尊敬这些学校，人们在这里学习正确的计算，掌握通用的语言，认真获取地理知识，并以惊人的自然科学知识武装自己。我也非常乐于承认，在我们的时代里较好地被实科中学教育出来的年轻人，完

全有资格要求享有那些文理中学毕业生所享有的
权利，并且，向这样的年轻人敞开大学与政府机
关的大门的日子不会遥远了，这扇大门迄今为止
只向文理中学的毕业生敞开——注意，是今天的
文理中学所培养的毕业生！这句令人伤心的话是
我必须要补充的！如果实科中学和文理中学在目
前的目标上真的是完全一致的，只是在极细微的
路线上有所区别，使得它们有权利要求国家给予
它们相同的承认，那么，我们因此也彻底缺少了
教育机构里的一个类别，即人文教育机构！这绝
不是在指责实科中学，它们迄今一直成功地、诚
实地遵循那些极为低微，但极有必要的趋向。但
是，在文理中学里发生的事就不诚实得多，也不
成功得多了。因为在这里人们会有一种本能的羞
耻感，一种下意识的认识，认识到整个机构低级
得如此令人感到羞耻，而且那些聪明、雄辩的教

师的高谈阔论，与荒蛮、贫瘠的现实正好相悖。所以，不存在什么人文教育机构！在至少还要装出一副人文教育机构的模样的地方，人们是更绝望、更瘦弱无力和更不满意的，比在所谓的'现实主义'的灶台那里更可怜。另外，请你们注意，我的朋友，教师圈里有些人是多么的粗鲁无知，他们严重误解了严格的哲学术语'实在的'（real）和'实在论'（realismus），自以为在这个概念背后发现了物质与精神的对立，把'实在论'解释为'认识、塑造、支配现实的一种理论方向'。

"从我这方面讲，我只知道一种真正的对立，就是教育的机构与营生的机构之间的对立。当今所有的机构都属于第二种，而我谈论的是第一种。"

在两位哲学同道谈论如此不寻常的话题的时候，时间已经过去了大约两个小时。夜幕已经降临。如果说，在黄昏之中，哲学家的话音如同大自然的音乐一般在郁郁葱葱的树林中奏响，那么它现在，在漆黑的夜色中，当哲学家说得慷慨激昂时，一字一句便好似撞击在隐入山谷的树干和岩石上，发出隆隆声、咔嚓声和咝咝声。哲学家突然不说话了。他刚刚以几乎同情的语气重复说："我们没有教育机构，我们没有教育机构！"这时就有什么东西，也许是一颗冷杉球果，落在了他的面前。哲学家的狗狂吠着扑了过去。谈话就这么被打断了，哲学家抬起头来，突然感觉到了夜的凉意与孤寂。"我们在干什么！"他对他的同伴说，"天已经完全黑了。你知道我们在这里等谁。但是他不会来了。我们在这里白白待了这么久。我们该走了。"

现在我必须告诉您，我尊敬的听众，我和我的朋友在隐蔽处贪婪地聆听那场被我们听得一清

二楚的谈话时，有什么样的感受。我已经向您讲
述过，我们很清楚将在那个地点，在那个夜间的
时刻，举行一场纪念活动。这场纪念活动涉及的
正是人文教育和基础教育的问题，在我们年轻的
信念中，是它们使我们幸运地从迄今为止的生活
中收获了丰硕和幸福的成果。因此，我们特别愿
意心存感激地纪念那个我们在此地创造出来的小
协会，它的目的，就像我先前已经说过的，是在
一个志同道合的小圈子里，互相激励并守护我们
对人文教育充满活力的热情。然而，当我们在沉
默的聆听中完全沉浸在哲学家的话语中时，仿佛
有一束完全意外的光照射到了我们的一整个过去
之上，使它在我们眼前瞬间变了样。我们感觉自
己像是那些在无人看顾的漫游中突然发现自己的
脚已经踏在悬崖边上的人；面对巨大的危险，我
们没有冲上去，但也没有脱离危险。在这里，在

对我们来说如此堪忧的境地，我们听到了警告的呼喊："退回去！别再朝前走！你们知道你们的脚会把你们带到何处，这条闪光的路会把你们引向何处吗？"

我们现在似乎已经懂了。于是，潮水般的感激之情将我们如此无可抗拒地推向严肃的警告者和忠诚的阻拦者，以至于我们一齐跳起来，要去拥抱哲学家。哲学家这时却正欲转身离开。当我们如此出乎意料地大踏步冲向他，那条狗立刻狂吠着扑向我们之时，哲学家和他的同伴都以为自己是遭遇了强盗的袭击，根本想不到是有人要给他一个热情的拥抱。显然他已经忘记了我们。总之，他立刻跑开了。当我们追上他时，拥抱已经变得彻底不可能了。我的朋友大叫起来，因为那只狗咬了他，而哲学家的同伴用力扑向我，和我一起摔倒了。躺在地上的人和狗之间进行了一段时间可怕的搏斗，直到我的朋友终于能学着哲学家的话大声喊道："以所有文化和伪文化的名义！这条愚蠢的狗想干什么！该死的狗，滚开，你这个未开化的，永远也不会开化的东西，离开我们吧，沉默地离开，羞愧地、沉默地离开！"

这一番话过后，整个情况清楚明了了些，毕竟现在是在一片漆黑的森林里。"原来是你们！"哲学家喊道，"我们的火枪手！你们吓坏我们了！是什么叫你们在这黑暗时刻扑向我？"

"是欢喜、感激和尊敬！"我们说着，握住了这位老者的手，这时，狗发出了警惕的吠叫，"在我们放您走之前，我们一定要告诉您。为了能够向您解释这一切，您现在也还不能走。我们还有那么多问题想问您，它们现在正萦绕在我们心头。您先别走，这里的路我们每一步都熟悉，我们会陪您下山去。也许您等待的客人也还会来。您看那边的莱茵河上方，是什么在浮动发光，好像有许多火炬在燃烧？我在那中间寻找您的朋友，是的，我已经预感到，他会和所有这些火炬一起上来到达您这里。"

就这样，我们用我们的请求、我们的许诺和我们充满幻想的理由，对这位惊讶的老者纠缠不休，直到那位同伴也劝说哲学家，在山巅温和的夜风中再多散一会儿步。"涤除一切知识的浊雾浓烟。"[①]他补充道。

"啊，你们应该感到羞耻！"哲学家说，"除了《浮士德》，你们不知道引用别的。但是我向你们投降，有没有引用都可以，只要我们的年轻人坚持住，不要突然跑来又突然逃走。因为他们总

[①] 出自歌德《浮士德》（卷一·夜）："唉！我但愿能在你的清辉中，漫步山巅，伴着精灵在山隈飞舞，凭借幽光在草地上盘旋。涤除一切知识的浊雾浓烟，沐浴在你的清露中而身心康健！"

像鬼火一样，一会儿出现，一会儿消失，着实令
人惊奇。"

这时，我的朋友立刻朗诵起来：

唯愿我们出于敬畏，

克服轻浮的天性。

我们一向蹦来跳去着前进。①

哲学家惊讶地站住了。"你们叫我吃惊，"他
说，"我的鬼火先生们，这里不是沼泽地！你们怎
么看这个地方？待在一位哲学家的近旁对你们来
说意味着什么？这里的空气清新明朗，这里的土
地干燥坚实，你们必须给你们的如鬼火般跳脱的
偏好另找一处奇异的地方。"

_____

① 出自歌德《浮士德》（卷一·瓦普吉斯之夜），为梅菲斯特、浮士德、
磷火三者对话中磷火的独白。

"我觉得,"那位同伴插话道,"两位先生已经告诉我们,有一个承诺使他们不得不在此时此刻待在此地。但是,据我看,他们也作为我们这场教育喜剧的合唱队,全程聆听了我们的谈话,并且是作为真正的'理念意义上的观众',因为他们没有打扰到我们,我们以为只有我们两个在这里。"

"是的,"哲学家说,"没错。你们应该受到这个表扬。但是我感觉,你们值得一个更大的表扬。"

这时,我抓住哲学家的手说:"如果一个人在听您这样的谈话时,没有变得严肃而认真思考,甚或没有热血沸腾,那么他就像肚皮贴地、埋头在污泥中的爬行动物那般麻木迟钝。也许有的人会生气,出于不满和自我谴责,但之于我们,不是这样的印象。只是,我不知道,如何描述这种印象。那个时刻对我们来说如此特别，我们的情绪已然准备就绪，我们坐在那里像敞开的容器。现在看起来，我们已经被一种新的智慧填满了，因为我已经完全不能自已了。如果有人问我，明天要做什么，或者我从现在起打算做什么，那么我会完全不知道如何回答。因为，到目前为止，我们的生活，我们的教育，显然与正确合宜的那种完全不同。但是，我们该做什么来跨越今天和明天之间的鸿沟呢？"

"是的，"我的朋友确认道，"我也是如此，我也想问这样的问题。然后我觉得，就好像我会因为你们对德国教育使命如此高尚和完美的观点，而被这个教育使命驱赶一样，是的，就好像我不配参与建设它的事业一样。我只看到最卓越的人们组成一支闪光的队伍向着那个目标在前进，我隐隐感觉到，这支队伍将越过怎样的深渊，躲过怎样的诱惑前进。谁能大胆地加入这支队伍呢？"

这时，那位同伴再次转向哲学家，说道："倘若我也有类似的感觉，并且现在对您说出来，请您不要生气。在和您的谈话中，我感觉自己被提升到了超越我自己的地方，我被您的勇气、您的希望所温暖，甚至到了忘我的程度。然后，冷静的时刻来临，一股现实的劲风使我开始思考，于是，我只看到了在我们之间的一道巨大的鸿沟，您曾亲自带着我，像在梦中那样，越过了这道鸿沟。您所称为教育的东西，在我的周围打战，或沉重地压在我的心头。它简直是一件铠甲，我被它压得直不起身；又或是一把我舞不动的利剑。"

突然，面对哲学家，我们三人达成了一致的意见。我们互相激发、互相鼓励着一起说了以下的话；与此同时，在静谧的夜色中，我们在那个

被我们用作射击场地的林中空地上，和哲学家一
起来回踱步，头顶则是一片宁静辽阔的星空。"您
谈了那么多关于天才的事情，"我们说，"谈到他
在世间行走的孤独、艰辛的路途，似乎大自然总
是创造最极端的相反事物，一边是麻木昏睡的、
被本能驱赶着无序蔓延的大众，相距遥远的另一
边，是伟大的、沉思的、命定去进行永恒创造的
个人。现在您把这些人称作智识金字塔的尖顶。
但是，从宽阔的、承重巨大的底部，到自由突出
在高空的顶点，似乎需要有无数的中间层级；在
这里，以下这句话正好适用：大自然不做任何跳
跃 ①。您所谓的教育，究竟始于何处呢？上层与下
层是在哪块方石上分界的呢？如果只允许以最罕
见的精英为对象来真正谈论'教育'，那么，如何

---

① 拉丁语 natura non facit salutus，尼采在《漫游者和他的影子》中用德
　语重复了这句话。

能以精英那神秘莫测、变化多端的天性为基础来
建立教育机构，又该如何去思考这些仅使少数精
英受益的教育机构呢？相反，我们觉得，恰恰是
这些少数人知道怎么找到自己的路。他们显示出
不依赖那些人人需要的教育拐杖就能独立行走的
力量，能不受干扰地穿越世界历史的推挤冲撞，
就像一个幽灵从庞大的、拥挤的人群中穿过。"

我们一起说了如此这般的话，没有多少技
巧，也没有多少条理。哲学家的同伴甚至更进了
一步，对他的老师说："现在您自己想想所有这
些伟大的天才，我们向来为这些德意志精神的真
正的、忠实的向导与先锋感到自豪，我们通过节
庆日和雕像来纪念和尊荣他们，我们骄傲地把他
们的作品展示给外国人。可人们在哪里给了他们
您所要求的那种教育呢？他们在何种程度上曾在
家乡的教育阳光下被养育并长大成熟呢？尽管如

此，他们仍然有可能成为，实际上，他们也确实
成了我们现在如此景仰的人。是的，他们的成就
也许正好证明了这些高贵天性的发展形式之正当
性，甚至证明了我们不得不承认的在他们的时代、
在他们的民族中教育的匮乏。莱辛和温克尔曼能
从现有的德国教育中得到什么呢？什么也没有，
或至少和贝多芬、席勒、歌德，和我们所有的伟
大艺术家和诗人收获得一样少。也许这就是一个
自然法则：永远是后来的世代才明白，先前的世
代曾被赐予怎样神奇美妙的礼物。"

听到这里，年老的哲学家怒不可遏，朝他的
同伴喊道："哦，你这个天真幼稚的羊羔！哦，
你们这些全都可以被叫作哺乳动物的人！这都是
些什么歪曲的、偏差的、狭隘的、畸形的、扭曲
的观点啊！是的，现在我才听到了我们今天的教
育成果，我的耳朵里又响起了清一色的历史'自

明性'，清一色的自以为高明的、毫无怜悯的历史学家理性！你记住，你这个未被玷污的天性：你长大了，几千年来，你的头顶是一片宁静的星空——但你还从未听过如此文绉绉，实际上恶毒无比的、一如这个时代所喜爱的言论！这么说，我的好日耳曼人，你们以你们的诗人和艺术家为荣？你们用手指指着他们，在外国人面前夸耀他们？因为有他们在你们中间不会耗费你们任何的精力，所以你们就把它变成一个最受欢迎的理论，认为以后也不需要为他们付出辛劳？不是吗？我的缺乏经验的孩子！莫非他们是自己来的，是仙鹤把他们叼来给你们的！谁还会去谈论这些天才的接生婆！现在，我的好人们，你们应该得到一个严肃的教训：是什么呢？你们提到的所有这些闪亮的、高贵的人，被你们，被你们的野蛮，过早地窒息、消耗、戕害了，你们可以以此为荣吗？你们想到莱辛时，可以毫无羞耻吗？他是在你们的麻木不仁中，在与你们可笑的木头偶像①做斗争中，在你们的戏剧、你们的学者、你们的神学家的弊病中，被毁灭的！一次都没有被允许去大胆尝试那永恒的飞行，他生而为人本是为此目的！你们纪念温克尔曼时又作何感想？他为了把自己的目光从你们荒诞的滑稽愚蠢中解放出来，竟去耶稣会士那里乞求帮助，他皈依天主教的耻辱应该落在你们头上，在你们身上成为永远洗刷不掉的污点！你们甚至可以在提到席勒时不感到脸红吗？你们看看他的样子吧！那双发红放光的眼睛，带着蔑视的神情从你们身上掠过，他那濒死的发红的面颊——这些都没有告诉你们什么吗？你们本有如此美妙的神奇的玩具，却把它砸

---

① 德语原文 Klötze 和 Götze 本义是木头和偶像，此处可能暗指与莱辛进行论战的两位路德派神学家 C.A.Klötz 和 J.M.Goeze。

得粉碎。你们再把歌德的友谊从这沉重忧伤、忙碌至死的生活中拿走吧——因为你们，他的生命才会更快地被熄灭！在任何一个我们的伟大的天才那里，你们都没有帮上过忙。现在你们想从中总结出一个教条，说不再需要帮助任何人了吗？但是对每个人来说，直到现在这一刻，你们都是‘愚钝世界的顽抗’，这是歌德在他的诗歌《钟声·跋》里明确提到的；对每个人来说，你们都是怨怒的麻木不仁者，或嫉妒的心胸狭隘者，或恶毒的自私自利者。尽管有你们在，那些天才还是创造了他们的作品，他们向你们发动进攻，而他们的早夭拜你所赐！他们死于未竟的事业中，在数不清的斗争中被摧毁或麻痹。谁能够想象，如果有那个真正的德意志精神以一个强健的机构形式在他们头上铺开庇护他们的屋顶，这些英雄的男人们将被命定去完成怎样的使命！那个精神离开了那样的一个机构，只能独自地、脆弱地、堕落地苟延残喘。所有那些英雄都被毁灭了。认为一切已发生的都是合理的，并想用这个理由来为你们开脱，这个想法简直是疯狂至极。而且不只是那些男人！在所有智识杰出的领域中，都有控告者站出来指控你们。向所有那些诗歌或哲学或绘画或雕塑的天才望去，随处可见那种未能成熟的，过度受刺激的，或过早萎谢的，在开花之前被烤焦或冻死的东西，到处可以嗅到'愚钝世界的顽抗'，即你们的罪过。当我想要教育机构时，却发现那些自称为教育机构的东西状态如此可怜，这说明什么呢？如果有谁喜欢把这称作'理想的要求'，哪怕仅仅称作'理想的'，并且自以为能用一句夸赞把我打发了，那么，我给他的回答是：现有的教育机构简直就是卑鄙和无耻的。如果有谁在冷得浑身颤抖时要求温暖，而别人把这称作'理想的要求',他只会气得发狂。这里所涉及的全是紧迫的、当下的、显而易见的现实。只要对此有所感觉的人就会知道,这里存在着匮乏,有如寒冷和饥饿。如果有谁对此毫无感觉,那么,他至少有一个标准去衡量,我所谓"教育"结束于何处,上层与下层是在金字塔的哪块方石上清晰分界的。"

哲学家显得非常激动。我们要求他再走一会儿,于是他站着,在那个我们用作靶心的树桩附近说完了最后一番话。有那么一会儿,我们全都非常安静。只是沉思着,慢慢来回踱步。我们之前竟说出那么愚蠢的观点,关于这一点,现在我们已经感觉不那么羞愧了,这算是给了我们的自尊一个补偿:恰恰是在那一番慷慨激昂的、对我们来说不中听的话之后,我们感觉和哲学家的关系更近,更亲密了。因为,一个人是如此可怜,没有什么能比看到别人显露一个缺点、一个缺陷，更快地拉近一个人与另一个人的距离了。我们的哲学家变得异常激动并口爆粗话，这让我们到目前为止独自感受到的那种小心的毕恭毕敬有所缓解。对于那些对这种观察感到愤怒的人，应该补充一句：保持礼貌距离的崇拜，往往最终趋向亲近的热爱与同情。这种同情在我们的人格得到重建之后，变得越来越强烈。我们为什么领着这位老先生于黑夜中在树林和岩石之间走来走去呢？他已经向我们妥协了，同意多走一会儿，我们为什么不找到一个更安静、更温和的方式来受教呢？我们为什么要三人一起用这么笨拙的方式表达我们的反对意见呢？

现在我们已经注意到，我们的反驳有多么考虑不周、准备不足和经验不足，并且，恰恰此时，当下的声音是多么清楚地在回响，这个声音是这位老者在教育领域不愿听到的。而且，我们的反驳其实并不单单来自智力方面。我们被哲学家的话刺激而感觉要进行反抗的原因，应该在别处。也许我们的内心只有本能的恐惧，担心我们的个体在哲学家表达的观点中，会不会被积极地考虑，也许我们以前所有关于我们自己的教育所相信的，现在都变成了一个急迫的需求，使我们无论如何想要找到反对那种观察方式的理由，这种观察方式让我们自以为拥有的对教育权利的要求被彻底拒绝。不必和那些把一个论点的力量当作针对自己来看待的反对者争吵。或者，正如从我们的情况中得出的教训所阐明的：这样的反对者不应该争吵，不应该反驳。

于是，我们走在哲学家身旁，怀着羞愧、同情、对自己不满的心情，并且万分确信，老者一定有道理，是我们对他做了不公正的事。现在，关于我们的教育机构的年轻梦想已经变得多么遥远，我们多么清楚地认识到了那个我们迄今只是碰巧躲过的危险，就是未把自己毫无保留地出卖给教育事业，而这个事业从我们年少时起，就已经通过我们的文理中学向我们说着诱惑的话！我们还没有站在它的赞叹者的公开队伍里，原因何在？也许只因为我们还是真正的大学生，我们能够从贪婪的攫取与争抢中、从公众舆论的汹涌波涛中抽身，退回到顷刻就会被淹没的小小教育孤岛上！

这样的思想完全占据了我们的头脑。在这种状态下，我们正准备向哲学家说话，他却突然转向我们，用稍温和的语调开口说道："我并不对你们年少轻狂、粗心大意和操之过急的表现感到奇怪。因为你们很难在听到我的话之前认真想过这些事情。给你们自己一些时间，带着这些想法继续生活，但是要日夜思考这些问题。因为现在你们已经站在了岔路口，现在你们知道了，这两条路各自通向何方。走在其中一条路上，你们是受你们的时代欢迎的，它会给你们足够的花环和胜利的勋章，庞大的队伍会抬着你们，在你们的身后和你们的面前会站着一样多的和你们想法一致的人。当前面的人说出一句口号时，这句口号就会在所有队列里回响。在这里，首要的义务是在队列里战斗，次要的义务是消灭所有不愿站在队列里的人。另一条路把你们和更稀少的行路者带到一起，这条路更难行，更弯曲，更陡峭。那些走在第一条路上的人嘲笑你们，因为你们在这里步履蹒跚，他们或许也尝试把你们引诱到自己那边去。但是当两条路彼此交叉的时候，你们就会被虐待，被推到一边，或者他们会害怕地躲避你们，并孤立你们。

　　"对这两条路上如此不同的行路者来说，教育机构意味着什么呢？那一群在第一条路上拥向他们的目标的人，把它理解为一个机构，他们可以借助这个机构将自己归入队列，它会取消和结束一切对更高远、更冷僻的目标的追求。当然，他们懂得传播关于其目标的冠冕堂皇的话语，比如，他们会谈到'在坚定的、共同的、国家民族与人性道德的信念中，自由个体的全面发展'，或者把'建立以理性、教化、正义为基础的民族国家'称作他们的目标。

　　"对另一群行走在第二条路上的少数人来说，教育机构是与之完全不同的东西。这一小群人将教育机构视作稳定的自卫组织，小心防范，以免自己被那一大群人冲走和冲散，以免他们中的某个人过早失去力量，变得注意力涣散，被败坏，被毁灭，以至于再也看不见他们面前的高贵与高尚的使命。这些人应该完成他们的事业，这就是他们共同的教育机构的意义所在。这项事业抹净主观性的痕迹，超越一切时代的风云变幻，如同一面映照万物永恒不变之本质的明镜。所有那些参与这项事业的人，也应该一起努力，通过清除主体的污点来为天才的诞生和他的作品的生产做准备。为数不少的人，也包括二流和三流天赋的人，被命定去辅助完成使命，并且只有在服务于这样一个真正的教育机构时，他们才感觉到，他们是在尽他们应尽的义务。但是现在，恰恰是具有二、三流天赋的人，被那种流行的文化持续诱人的表演牵引着偏离了轨道，从而与他们自己的本能隔绝。

　　"这种诱惑瞄准的是他们的自私冲动，他们的弱点和虚荣心，那个时代精神正在向他们耳语：'跟从我吧！在那里，你们是用人、仆从、工具，

被更高的天性光芒盖过，从来不曾因自己的特性
欢喜，如同木偶被牵着走，被铁链锁住，作为奴
隶，甚至作为自动机器；而在这里，在我这里，
你们作为主人享受你们自由的个性，你们的天赋
被允许为自己发光，你们将带着你们的天赋站在
第一位，庞大的人流会跟随你们，并且公众意见
的呼声将会更让你们感到舒适满意，胜过从天才
的高空庄严赐下的所谓奖赏。'这样的诱惑已经俘
获了那些最优秀的头脑。其实，一个人是否能抵
御这声音的诱惑，并不取决于他的天赋的高低。
相反，起决定性作用的是道德崇高的高度和程度，
趋向英雄主义与牺牲精神的本能，以及一种稳定
的、已成为道德习惯的、被正确的教育所引导的
对修养教育的需要。正如我已经说过的，这种修
养教育首先要培养服从，要使人习惯于培育天才
所必需的严格规矩。恰恰是这种规矩，这种习惯

培养，是现在那些被人们称为教育机构的机构所
一无所知的。虽然我不怀疑文理中学原本是作为
这样一种真正的教育机构，至少是作为预备性的
机构被设置的，它在神圣、深刻、激荡的宗教改
革时代，曾在那样一条正确道路上真正跨出了大
胆的第一步；我也不怀疑，在我们的席勒、我们
的歌德的时代，被视作耻辱的或被封禁的真正的
教育需求再次出现，仿佛柏拉图在《斐德罗篇》
中谈到的一对翅膀的雏形，在每一次与美善接触
的时候，这对翅膀便使灵魂飞升，飞向永恒、纯
粹、统一的万物原型之国度。"

"啊，我尊敬的杰出的导师，"那位同伴开始
说道，"在您提到神圣的柏拉图和那个理念世界之
后，我不再相信您会对我生气，不管我先前的讲
话有多么理应引发您的不满和愤怒。只要您一开
口，柏拉图的那对翅膀就在我身体里面蠢蠢欲动，

并且，只要您一停下，我作为我灵魂的马车手，便难以控制那匹烈性、狂野、桀骜不驯的野马。柏拉图也曾描述过这匹烈马，说它身子歪斜，粗野，颈子僵硬粗短，鼻子扁塌，黑不溜秋，灰色的眼睛里布满血丝，毛发蓬乱，耳朵不灵光，随时准备行恶作乱，几乎难以用鞭子和刺棍来约束。想想看，我离开您生活了多么长的时间，恰恰在我身上，您所说的所有那些迷惑人的表演都试图引诱我，也许还取得了一定成效，尽管我自己几乎毫无察觉。正是在此刻，我比过去任何时候都更强烈地认识到，一个真正的教育机构是多么有必要，它使我们能够与人数稀少的拥有真正教化的人们共同生活，以他们为我们的向导和引路的明星。我多么强烈地感受到孤独前行的危险！正如我已经告诉您的，我以为能用逃避把自己从浑浊的环境和与时代精神的直接接触中拯救出来，但其实连这种逃避都是一个假象。伴随着每一次呼吸，那种时代精神的空气都在一刻不停地从无数血管中涌进我们的身体。没有哪种孤独是足够孤独和遥远的，以阻止那种时代精神的浊雾浓烟到达我们这里。那种文化的图像在偷偷靠近我们，伪装成怀疑、收益、希望和美德，戴着最花哨的各色面具。而哪怕就在您身边，也就是被一个真正的教育的隐士牵引着的时候，时代精神那诡计多端的欺骗把戏也能将我们引诱。一个几乎可以被称作密宗的真正教育的小小群体，他们该如何坚定地和忠实地互相警醒看守，又该如何彼此鼓舞？在这里，错误的步伐该遭受何等严厉的斥责，又该怀着何种同情被原谅？那么现在也请您原谅我，我的导师，您已经如此严肃地指正了我！"

"你使用的语言，我的好人，"哲学家说，"是我不喜欢的，它让人想起秘密宗教集会。这跟我没有关系。但是柏拉图的野马譬喻我很喜欢，为此你也应该得到原谅。我愿意用我的哺乳动物换这匹野马。另外，我没有多少兴趣继续和你们在这凉飕飕的夜风里闲逛了。我等待的朋友也许很疯狂，尽管他答应过，就是在午夜时分，他也还能到这里来，但我白白等了这么长时间没有等到我们之间约好的信号。我不明白是什么让他到现在都来不了。因为他一直准时、一丝不苟，就像我们老年人习惯的那样，年轻人现在可能认为这有点古旧过时。这次他让我失望了，真让人生气！你们跟我来！该走了！"

此时，新的情况出现。

第五次演讲

1872 年 3 月 23 日

我的尊敬的听众：

我向你们讲述了我们的哲学家在静谧的深夜进行的激动人心、引人入胜的谈话。如果你们听得认真，那么，你们一定会像我们一样，在听到他那个不快的决定时，感到十分失落。他突然告诉我们他要走了，因为他的朋友背弃了他，而在这僻静的树林里，我们——包括他的同伴——似乎也都无法令他感到愉快。他仿佛想要尽快结束在山上徒劳无益的停留。这一天对他来说算是荒废了。他似乎想把它，连同他与我们相识的记忆，都一起抛在身后。于是，他不耐烦地催促我们离开。这时，一个新情况使他站住了，他已经抬起的脚又迟疑地放了下来。

一枚彩色照明弹从莱茵河对岸腾空而起，一声炸响之后旋即消失，顿时吸引了我们的注意。随后，一段悠扬的旋律伴随着许多年轻的嗓音缓缓响起，渐渐从远处传到了我们这里。"这是他的信号！"哲学家喊道，"我的朋友终究还是来了，我没有白等。我们将在午夜会面——怎样让他知道我还在这里呢？来吧！枪手们，展示你们的技术吧！你们听到那边传来的歌声里那个沉稳的节奏了吗，记住这个节奏，然后开枪吧，用枪响重复这个节奏！"

这项任务正是我们喜欢和擅长的。我们以最快的速度装填子弹，稍作交流之后，便朝着星光灿烂的高空举起了手枪。而那一段铿锵有力的曲调在短暂的重复之后，已经消失在河谷深处。第一枪、第二枪和第三枪迅速射向夜空。这时，哲学家喊了起来："节奏不对！"因为我们突然不按规定好的节奏射击了——一颗流星划破夜空，紧随着第三枪从天而降，而我们几乎是下意识地朝它坠落的方向同时打出了第四枪和第五枪。

"节奏错了！"哲学家大声喊道，"谁叫你们朝流星开枪！它自己会爆炸，用不着你们。手里拿着武器的人要知道用它来做什么。"

此时，莱茵河方向再次响起了那段旋律，有更多的声音加入，歌声愈发嘹亮。"他们明白我们的意思了，"我的朋友高兴地喊道，"而这样一个发光的幽灵恰好出现在我们的射程内，谁又能忍住不出手呢？"

"安静！"那位同伴打断了他的话，"是什么样的一群人在用歌声向我们传递信号呢？我猜他们有二十到四十个人，听起来全是嗓音浑厚的男声。这群人又是从哪里向我们发出问候的呢？他们似乎还没有离开莱茵河对岸，从我们的长椅那儿应该能看到他们。快，我们去那里看看！"

在我们一直来回踱步的地方，就在那个巨大的树桩附近，茂密高耸的树林挡住了我们投向莱茵河的视线。相反，我已经说过，站在略低于山顶平地的休息场地，可以穿过树梢看见远处的莱茵河和它怀抱中的诺沃岛——它们正好填满了树梢间那个圆形空隙的中心。我们一边赶紧朝那个休息场地跑去，一边小心地领着年迈的哲学家。树林里一片漆黑，我们一左一右走在哲学家身旁，脚下的路与其说是用眼睛找着的，不如说是凭感觉估摸出来的。

我们刚到长椅附近，就看到莱茵河对岸跃动

着一大片火红的光芒。我大喊："那是火炬！没错，那边一定是我的波恩大学的同学，您的朋友一定也在他们中间。刚才是他们在唱歌，他们会陪伴他过来。您瞧，您听，他们正登上小船，不出半个小时，火炬游行队伍就会抵达山顶。"

哲学家大吃一惊："您说什么？"他急促地问，"您的波恩大学的同学，也就是说是大学生，我的朋友和大学生一起来？"

这个气愤的发问也使我们感到生气。"您对大学生有什么不满的？"我们反问道，但没有得到回答。过了一会儿，哲学家才缓缓开口，带着哀怨的语气，仿佛在和他那位尚在远处的朋友说话："这么说，即使在午夜，我的朋友，即使在这孤寂的山上，我们也不会孤单了。你竟然自己带了一群恼人的大学生来我这里，而你明明知道，我一向留心不和这类人打交道。我真弄不懂你，我在远处的朋友：我们久别重逢，特意选择了如此偏远的角落，如此不寻常的时刻来聚首，肯定别具意味。为什么我们需要一大群见证人，尤其是那样的见证人！今天我们相聚的原因，绝不是一种多愁善感的需要，因为我们早已学会了独处和保持尊严地孤独生活。我们约定在这里会面，不是为了我们自己，不是为了呵护温柔的情谊或展现我们真挚的友情。而是因为，我曾在这里，在难忘的时刻，在我的庄严的孤独中遇见了你。今天，我们想在这里进行最严肃的商议，就像新的维姆法庭①的骑士们一样。倘若有人能理解，可以任他旁听，可是你为什么要带一大群肯定不理解我们的人过来呢！我真弄不懂你，我在远处的

_____

① 中世纪时期在德国出现的一种秘密法庭，又称"维姆法庭""神圣法庭"。据称，该法庭成立于公元 8 世纪，但实际的历史记录只能追溯到 12 世纪中叶。它的权力来源于神权理论，被认为是上帝拥有的法庭。

朋友！"

我们觉得打断他如此沮丧的抱怨不合时宜。直到他忧伤地陷入沉默，我们仍不敢告诉他，他对大学生这样不信任的拒绝态度，是多么令我们不快。

终于，那位同伴转向哲学家说道："您提醒了我，我的导师，您早年，在我认识您之前，曾在好几所大学生活过。关于您那时与学生的交往、您的教学方法，现在仍有传闻。您刚才谈到大学生时的失望语气可能会让人猜想，您曾和他们有过特别的、不愉快的经历。然而我却相信，您在那里所经历所看到的，就是每个人都能经历和看到的，只不过您比别人更严格、更正确地评价了那些经验。通过和您的交往，我懂得了，最值得注意、最有教益的决定性的经验和经历，正是那些来自平凡生活的经验。而恰恰是那些摆在所有

人眼前的巨大谜题，仅仅被少数人视为一个值得
探究的问题。对于少数真正的哲学家来说，这些
问题从未被触及，就像一颗躺在马路中央、千万
只脚从上面踏过的宝石，只有哲学家才会小心地
将它捡起，令它从此闪耀知识与智慧的光芒。或
许您可以在等待您的朋友到来的这段时间里，再
多与我们谈谈您在大学领域里的认识和经验，完
成我们在教育机构问题上迫切需要的探讨。同时，
请允许我们提醒您，在先前的谈话中，您曾向我
做过这方面的承诺。您从文理中学的非凡意义讲
起，认为所有教育机构都必须根据它所设立的教
育目标来衡量和校准自己，而文理中学在趋向上
的偏误将使所有其他教育机构一起蒙受损害。这
样一种作为动力轴心的重要意义，是如今连大学
也不敢声称具备的。就现有形态而言，至少在一
个重要指向上，大学只能被视为文理中学趋向的

延续。谈到这里时，您许诺将会对此做更详细的
解说。或许，我们的学生朋友也可以做证，他们
也许聆听过我们当时的谈话。"

"我们做证。"我说。哲学家转向我们，回应
道："如果你们真的听到了，那你们现在就可以给
我描述一下，听完我们所说的一切，你们对目前
的文理中学趋向有什么理解。况且你们还未远离
这个领域，完全可以用你们自己的经验和感受来
衡量我的思想。"

我的朋友以他一贯的机敏立刻做了以下回
答："到目前为止，我们一直认为文理中学的唯一
目标就是为大学做准备。这个准备应该使我们足
够独立，以适应大学生极为自由的自我定位。因
为在我看来，在今日生活中，没有哪个领域像大
学生的生活领域一样，留给一个人那么多自主决
定和独立支配的机会。他必须能够在一个广阔的、

向他完全开放的领域内，连续数年自觉地引导自己前进。因此，文理中学应当努力使他变得独立自主。"

我继续我的同学的发言。"事实上,我觉得,"我说，"您对文理中学的所有批评，诚然有理有据，所涉及的其实不过是一些必要的手段，为了在一个如此年轻的年纪培养独立性，或至少培养对独立性的信念。德语课应该以培养这种自主性为目的。每个人都必须尽早明确自己的观念和意图，以便能够丢开拐杖，独立行走。因此，要教导他早早地开始创作，更早地开始进行敏锐的判断和批评。即使研习拉丁语和希腊语不能点燃学生对遥远的古典时代的热情，通过学习它们的方法，也会激发学生的科学意识、对知识的严格因果关系的兴趣，以及对探索发现与发明创造的渴望。有多少人将会通过在文理中学里找到的、在年轻的探索中捕捉到的一种新的解读方法，而持久地被科学的魅力所吸引啊！一个文理中学学生必须学习、汲取和积累许多知识，借此逐渐激发他内在的驱动力，使他在大学中也能独立地进行同样的学习和吸收。简而言之，我们认为，文理中学应当让学生养成习惯，做好准备，使他们能够像在中学课程规范的约束下生活和学习一样，在大学中独立自主地继续进行学习和生活。"

　　哲学家放声大笑，但并没有什么好气儿："你们刚才正好给了我这种独立性的一个美丽的样本。然而正是这种独立性让我如此害怕，使我一靠近大学生就感觉浑身不舒服。是的，我的好朋友们，你们已经成长完毕，你们已经长大成人，大自然已经打碎了塑造你们的模子，你们的老师可以满意地欣赏你们了。你们的判断如此自由、确定、无拘无束，你们的洞察如此新颖、鲜活！

你们坐在审判席上，所有时代的所有文化都在你们面前败逃。科学意识被点燃，从你们身体里面迸出火焰来——每个人都要小心，别被你们烧着！假如把你们的教授也算上，我会得到一种同样的独立性，只是更加有力，更加迷人。从来没有一个时代拥有如此多美妙的独立性，人们从来没有如此强烈地憎恨一切奴役，当然也包括教育和教化的奴役。

"请允许我就用这个教化的标准来衡量一下你们的独立性，并把你们的大学仅仅作为一个教育机构来考察。如果有一个外国人想了解我们的大学，他首先会着重问这个问题：'在你们这里，大学生是如何与大学相联系的？'我们回答：'通过耳朵，作为听课的人。'外国人惊讶不已。'仅仅通过耳朵？'他再次问道。'仅仅通过耳朵。'我们再次回答。大学生用耳朵听。当他说话时，当他观看时，当他行走时，当他交际时，当他从事艺术活动时，一句话，当他生活时，他是独立的，也就是独立于他的大学。很多时候，大学生在听的同时也在写。这些是他与大学脐带相连的时刻。他可以选择他想听的东西，他无须相信他所听到的；如果他不愿意听，他可以关上他的耳朵。这就是'耳听式教学方法'。

"老师对着这些听课的大学生讲话，他的其他思想和行为，与大学生的感知之间存在着巨大的鸿沟。很多时候，教授讲课时是在念稿子。一般来说，他希望有尽量多的听众，在不得已的情况下，也可以接受只有少数听众，却几乎不会接受仅有一人。一个说话的嘴巴和很多只耳朵，以及一半数量在写字的手——这就是学术机制的外观，是运转中的大学教育机器。此外，嘴巴的主人与很多只耳朵的主人彼此分离，各自独立。这

种双重独立性被高度赞扬为'学术自由'。而且，
为了进一步增强这种自由，一方可以大致说自己
想说的，另一方可以大致听他想听的。只不过在
这两个群体背后的不远处，国家板着一张监护人
的面孔站在那儿，时不时提醒人们，它才是这套
奇怪的说听程序的目的、目标与化身。

　　"既然我们已被允许把这个令人惊讶的现象
仅仅当作教育机制来考虑，我们便告诉来问询的
外国人：在我们的大学里，教育是通过口耳相传
实现的。如前所述，所有旨在教化的学校教育，
都只是'耳听式教学'。然而，即使听和选择要听
的内容也是交给有着学术自由思想的大学生自行
决定的，他可以否决所有听到的内容的可信性和
权威性。因此，严格地说，所有旨在教化的教育
都取决于他自己。在文理中学教育里努力追求的
独立性，现在无比自豪地表现为'旨在教化的学

术自我教育'，并骄傲地展示其最绚丽的羽毛。

"年轻人足够聪明和博学，能够自觉地引导自己前进，这样的时代真是无比幸福！其他时代的人们相信，必须灌输依赖、规矩、服从和顺从，抵制一切独立性的傲慢姿态，而文理中学却成功地培养了独立性，真是无比卓越！你们现在明白了吗，我的好朋友们，为什么我喜欢以教化为指向，把今天的大学看作文理中学趋向的延续？文理中学所培育的教育成果，如今以一种完整和成熟的形式，带着挑剔的要求跨进了大学的大门。它发号施令，它制定法律，它审判裁决。你们不要误解一个受过教育的大学生。只要他自以为已经接受了教化的洗礼，他就始终还是那个在他老师的手中被塑造成型的文理中学学生。自他进入学术上的孤立隔绝状态，他就是这样一个人。离开了文理中学，他便彻底与一切旨在教化的继续塑造与引导无缘，他从此开始自给自足，自由自主。

"自由！检验这种自由吧，你们这些洞悉人性的人！建立在今日文理中学文化的沙土地上，在支离破碎的地基上，你们的大厦是倾斜的危楼，在狂风骤雨来袭时摇摇欲坠。仔细看看这个自由的大学生吧，这个独立性教育的信使！从他的本能去洞察他，从他的需求去理解他吧！如果你们懂得用三个标准去衡量他的教育——首先是他对哲学的需求，其次是他在艺术方面的本能，最后是希腊罗马的古典文化，即一切文化的'绝对命令'①本身，你们会怎么看待他的教育？

"一个人是如此被最严肃和最困难的问题所

---

① "绝对命令"是德国哲学家康德用以表达普遍道德规律和最高行为原则的术语。"命令"即支配行为的理性观念，其经典表述为：除非愿意自己的行动准则变为普遍规律，否则你不应该行动。

包围，以至于只有以正确的方式引导他接近这些问题，他才能早日获得那种持久的哲学惊讶，因为只有在哲学思考这一肥沃的土壤上，深刻而高贵的教育才能生长。大多数时候，自身的经历会引导他接触这些问题，尤其是在骚动不安的青春期，几乎每一件个人事件都以双重的色彩呈现，既是日常现实的例证，也是永恒的令人惊异和值得解释的问题。在这个年龄，当他的经历仿佛为形而上学的彩虹所围绕时，人极度需要一只导航的手，因为他突然且几乎是本能地相信了人生的歧义性，从而失去了他迄今怀有的传统观念的坚实基础。

"不难理解，这种自然产生的极度匮乏状态，成了应使现今受过良好教育的年轻人都乐意追求的独立性的最大敌人。所有业已投入'自我理智'怀抱的'现今时代'的信徒，都竭力压抑、麻痹、转移或阻遏这种状态，而他们最喜欢用的方法，就是用所谓'历史教育'来抑制那种哲学冲动。一个最近在全世界声名狼藉的体系，为这种哲学的自我毁灭找到了公式：现如今，在用历史方法考察事物的时候，随处可见一种不动脑筋的无所忌惮，甚至把最不理性的说成理性的，把黑的说成白的。这种情况让人们不禁模仿黑格尔那句格言①来反问：'这种非理性是现实的吗？'唉，在今天，正是这种非理性看起来是唯一现实的，也就是在现实地发挥作用的；而用这种现实性来解释历史，已被看作真正的'历史教育'。我们青年一代的哲学冲动正是被封裹在了这样一种历史教育的茧壳里。

---

① "凡是合乎理性的都是现实的，凡是现实的都是合乎理性的。"这句格言出自黑格尔的《法哲学原理》，它被认为是黑格尔哲学的核心公式，表达了他的唯心主义和历史主义思想。这个公式的含义是，唯有在理性的范畴中，一切存在才能被认为是真实和有意义的；同时，仅有真实存在的事物才能被认为是合理的。

大学里那些奇怪的哲学家们在合谋的，正是对年轻的大学生加强这种历史教育。

"因此，一种历史学的，甚至是古典语文学的考校和探究，渐渐代替了对永恒发生的问题的深刻阐释。人们现在钻研的是这样的问题，例如：哪位哲学家思考过哪些问题，或者，哪些著作应该归属于哪位哲学家，甚至哪种解读方式应该被优先考虑。在我们的大学哲学讨论课上，我们的大学生被鼓励对哲学作这种中性的研究。正因如此，我早就习惯了把这种科学看作古典语文学的分支，并根据他们是不是好的语文学家来评价哲学的研究者。由此可见，哲学本身却已经被革出了大学之门。至此，我们讨论的第一个关于大学教育价值的问题已经得到了回答。

"这样一个大学是怎么对待艺术的，面对这个问题，人们只能羞愧地承认：它根本就不理会艺术问题。在这里，压根儿找不到有关艺术的思考、学习、追求与品评的迹象，更没有人认真地谈论大学对最重要的国民艺术计划的支持与贡献。是否有个别大学教师恰巧喜好艺术，是否为关注美学问题的文学史学家设置了教席，这些问题在这里根本不被考虑。从整体来说，大学没有能力令年轻的大学生接受严格的艺术训练，而是完全放任自流。正是在这个问题上，我们要提出对大学的尖锐批评，质疑它那自诩为最高学府的狂妄姿态。

"我们的'独立自主'的大学生在没有哲学、没有艺术的环境中成长。他们因此能有多少兴趣去研究希腊罗马时代的文化呢？现在已经没有人有必要装出对古典文化的尊崇了。古典文化兀自坐在它那孤独、崇高、令人望而生畏的宝座上。因此当今的大学也丝毫不考虑这种早已灭绝的教育倾向，却为培养新一代的精英语文学家设置了语文学教席，让这些语文学家承担对文理中学学生进行语文学训练的责任。这样一种传授的循环对语文学家和文理中学学生都没有好处，却再一次控告了大学并不符合它那自诩骄傲的身份：一个教育机构。因为，假如把希腊人连同哲学和艺术一起去掉，你们还能靠哪一把梯子攀爬真正教育的大厦？在你们尝试不借助外力费力登梯的时候，你们的学问——你们得允许别人这么说——却更多地成为压在你们颈项上的重负，而非助你们飞翔的翅膀。

"如果你们现在，你们这些诚实人，诚实地立足于洞察真正教育的这三个标准，认识到今天的大学生乃是不适合哲学、没有对哲学做好准备的，是对真正的艺术没有直觉的，相对于希腊人来说乃是自以为是的野蛮人，那么你们就不会感觉受到侮辱般地从他面前逃开，尽管你们本来就

想对他敬而远之。因为，确如他所说，他是无辜
的。而正如你们所看到的，他在无声却激烈地控
诉着有罪者。

"你们必须得听懂这些无辜负罪者在自言自
语的秘密语言，才能学会理解那种喜欢被向外展
示的独立性的内在本质。没有一个精神上出身高
贵的年轻人没有亲身体验过那种没有喘息之机、
令人困倦、叫人糊涂、让人不堪忍受的教育灾难。
在那段时间，他似乎是唯一拥有特定职位、享受
现世安稳的自由人，实际上却不得不为那个巨大
的自由的幻觉而付出代价，没完没了地遭受痛苦
和怀疑的折磨。他感觉到，他不能自己引导自己，
不能自己帮助自己。于是，他绝望地沉湎于日常
生活与劳作的世界。最平庸无聊的忙碌包围着他，
他的四肢瘫软无力。突然，他又重新振作。他感
觉支撑他保持向上的力量还未完全丧失。自豪而

崇高的决心在他心中形成、生长。他惊讶于自己过早地沉沦于狭隘、闭塞的专业考究之中。现在，他伸手抓向一个支撑物，以免被拽到那条路上。然而徒劳无益！那些支撑物退后消失了，因为他抓错了，他抓住的是脆弱的芦苇。他怀着空虚、绝望的心情眼看着他的计划灰飞烟灭。他的状态是可憎和卑下的。他时而干劲十足，时而忧郁丧气。于是，他变得疲惫、懒惰，害怕工作，畏惧一切伟大的事业，并陷入对自己的憎恨。他瓦解了自己的能力，以为自己的内在空空如也，或是一片混沌。于是，他又一次从梦想的自我认识的高处坠落，陷入了讥讽和怀疑。他取消了他的奋斗的重要性，感到自己愿意委身于任何现实的、哪怕是卑微的利益追求。现在，他在匆忙的、不停歇的行动中寻找安慰，以求躲避自己。因此，他的彷徨无助和缺少一个教育引路人的困境迫使他反复从一个极端走向另一个极端：怀疑、振奋、急难、希望、沮丧，如同被海浪抛来抛去，他头上所有的星辰皆已熄灭，再无指引他人生的航船继续前行的光芒。

"这就是那个被颂扬的独立性、那种学术自由的真面目。它折射在最好的、真正需要受教育的灵魂中。与他们相比，那些天性粗野、无所忌惮的人根本不在考虑之列。这些人享受着野蛮人般的自由，他们的低级愉悦和专业狭隘证明，所谓独立性恰恰与他们最为相称。对此，人们完全无法反驳。然而，他们的愉悦实实在在无法抵消任何一个被单独驱往文化的、需要指引的年轻人的痛苦。这个年轻人最后愤懑地松开手中的缰绳，开始蔑视自己。这就是那个没有罪责的无辜者。因为，是谁把这令人无法承受的重担加在他的肩上，让他孤苦无依？是谁鼓励他在那样一个年纪去追求独立性？对他这个年纪来说，全心全意追随伟大的引路人，激动地在大师引领的道路上前进，本就是最自然的和最切近的需求。

"对这种如此高贵的需求进行暴力压制，其后果着实令人恐惧。谁从近旁用敏锐的目光仔细打量我所痛恨的伪文化的那些最危险的支持者和爱好者，谁就能轻而易举地在他们当中发现如此败坏的、脱轨的寻求教育者，他们因内心的绝望而陷入了对文化的仇恨之中，因为没有人愿意向他们指出通向文化的道路。这些因绝望而沦为记者和报纸写手的人，还不是最糟糕和最卑微的。是的，现在某些过于雕琢的文学类型的精神气质，正可以用'绝望的大学生做派'来形容。曾一度闻名的'青年德意志'那蔓延至今的模仿风格就是这种做派的典型例子！在这里，我们发现一种几乎可谓疯狂的对教育的需求，这种需求最终激

动地喊出：我即教育！从这种需求中逃离，如今
却以掌权者自居的教育机构的文化，骄傲地游荡
在文理中学与大学的大门前；当然，并没有带着
多少博学气质，以至于小说家古茨科可以被看作
文理中学时髦的文学青年的最好样板。

"围绕这个败坏了的受教育者的是一个严肃
的问题。我们惊恐地看到，我们的整个学术界和
新闻业界都带有这种败坏的记号。我们的学者无
动于衷地旁观，甚至帮助新闻界误导民众。这让
我们不得不怀疑，他们的学问是否无异于新闻界
的小说写作，即一种自我逃避，以扼杀他们寻求
教育的冲动；甚至是一种绝望的自我毁灭。从我
们败坏的文学艺术中，同时也从我们学者的越来
越荒唐的书籍出版中，发出了同一声叹息：啊，
但愿我们能忘记自己！然而，这并没有成功。堆
积如山的印刷品也无法扼杀的记忆仍然在不断诉

说：'一个败坏了的受教育者！为了受教育而成为
人，却被教育成了非人的模样！无助的野蛮人，
时日的奴隶，为当下的枷锁所缚，饥饿难耐，永
远饥饿难耐！'

"这些可怜的负有罪责的无辜者啊！因为他
们缺少了他们中的每个人都应该得到的，即一个
真正的教育机构，它能给予他们目标、导师、方
法、榜样和同伴，并从它的内在向他们涌流出使
其强健和高尚的真正的德意志精神。因此，他们
在一片荒芜中失去了生命力，堕落成了本与他们
亲密无间的德意志精神的敌人；因此他们罪上加
罪，累积了比任何其他世代所累积的更沉重的罪
孽，玷污纯洁，亵渎神圣，将错误和虚假宣布为
无误的权威。在他们身上，你们可以正确地认识
我们大学的教育力量，并向你们自己提出这个极
其严肃的问题：你们在大学里促进什么？德国的

学者风范，德国的发明精神，德国的诚实的求知欲，德国的勤奋和奉献精神——这些都是美好的、辉煌的品质，令别的国家羡慕，是的，是世上最美好、最辉煌的品质——前提是，真正的德意志精神就像孕育生命、赐予祝福、闪着电光的乌云一般，舒展在大学的上空。然而你们害怕这个精神，因此，另一种沉重闷塞的浓雾笼罩在你们大学的上空，让你们的更高贵的年轻人在下面艰难地呼吸，让那些最优秀的人全数灭亡。

"在这个世纪，人们进行过一次悲壮而富有教益的尝试，试图驱散那层浓雾，重新获得向德意志精神的云端自由眺望的开阔视野。但大学的历史上再也找不到第二次这样的尝试。若要令人印象深刻地说明问题的关键，以下便是最好的例

子：早期的、原初的'兄弟会。'①

"年轻人从战场带回了出乎意料的最珍贵的战利品，即祖国的自由。头戴着这顶桂冠，他开始思考更高尚的事。然而回到大学后，他发觉呼吸愈发艰难，一种闷塞浑浊的雾气萦绕在大学教育的上空。突然，他惊恐地瞪大眼睛，看到了躲藏在形形色色的博学之下的非德意志的野蛮；突然，他发现了自己的同伴，看到了他们如何像没有牧人的羊群那样，身不由己地陷入了年轻人那可憎的轻狂。他愤怒不已。他以最骄傲的激愤表情站起身来，他的弗里德里希·席勒曾以同样的表情在其同仁面前朗诵《强盗》的诗句。如果说

---

① 指德国大学的学生联合会，成立于19世纪早期，最初成员是从反对拿破仑的战争中返回大学讲堂的耶拿大学学生。该组织的宗旨是争取公民的自由和平等权利，促进德国的政治统一，反对外国文化的影响。后期成为较为激进和极端的组织，是德意志民族主义和爱国主义运动的一部分，在德国的政治和社会生活中具有重要影响力。

席勒将一头雄狮的图像和'反对独裁！'的题词作为他这部作品的扉页，那么他的年轻追随者就是那头准备跃起的狮子，而所有的独裁者确实颤抖了。是的，这些愤怒的年轻人在胆怯和肤浅的人眼中，与席勒的强盗并没有什么不同。他们的言论在胆小怕事的听众耳中，如同斯巴达和罗马变成了女修道院一般①。这些愤怒的年轻人引发的惊恐是如此普遍，连那些强盗在宫廷中引发的恐慌都不曾达到这般程度。关于这些强盗，据歌德回忆，有一位德国的公爵曾说，假如他是上帝，假如他预见了《强盗》的诞生，他就不会创造这个世界②。

　　"这种恐惧的惊人程度从何而来？因为那

---

① 出自席勒《强盗》（第一场第二幕）："我将把德国变成一个共和国，使罗马和斯巴达看起来像女修道院。"
② 出自艾克曼《歌德谈话录》（1827年1月1日）。

些愤怒的年轻人是他们的同伴中最勇敢、最有天赋和最纯粹的人。一种心胸宽广的开朗豪爽，一种道德感情上的高贵单纯，在他们的举止和衣着中显现出来，令他们与众不同。最神圣的律令将他们联结在一起，使他们共同拥有敬虔与勤勉的品质。他们有什么可让人害怕的呢？也许永远搞不清，人们对他们的恐惧在多大程度上是自欺，或是伪装，或确实事出有因。但是，有一种确定的直觉从这种恐惧中，从人们对他们进行的充满羞辱的、荒唐的迫害中表现出来。这种直觉带着极度的憎恨仇视兄弟会身上的两个特点：一是它的组织，这是创建一个真正的教育机构的第一次尝试；二是它的精神，即那种阳刚的、严肃的、深沉的、坚强的、勇敢的德意志精神，那种从宗教改革中完好保存下来的矿工之子马丁·路德的精神。

　　"你们想想兄弟会的命运吧，如果我问：德
国大学当时理解了那种精神没有？那时，连怀着
仇恨的德国的王侯大公们都似乎理解了它；德国
大学有没有勇敢地、坚决地用它的臂膀护卫它那
些最高贵的儿子，并宣告：'在杀死他们之前，你
们必须先杀死我！'我听到了你们否定的回答。
你们应当就这个回答来思量，德国大学是不是一
个真正的德国的教育机构。

　　"当时的大学生隐约感觉到，一个真正的
教育机构必须扎根在怎样深厚的土壤中：它应当
扎根在对最纯粹的道德力量的内在更新与激发之
中。这一点永远可以作为大学生的荣耀而被不住
地传颂。在战场上，他也许学到了他在学术自由
的领域最不可能学到的道理，即人们需要伟大的
领袖，以及一切教育都始于服从。在一片胜利的
欢呼声中，他思想着他的获得了解放的祖国，于

是他庄严地宣誓，要永远持守德意志精神。德意志精神！现在他才学会理解塔西佗，现在他才领会了康德的绝对命令，现在他才沉醉于卡尔·马利亚·韦伯①的《琴与剑之歌》。哲学的、艺术的，甚至是古典文化的大门，都向他大大敞开。在最值得纪念的血腥行动中，在刺杀考茨布②的行动中，他以深深的直觉和狂热的短视，为他唯一的太早被愚钝世界之顽抗所害的席勒报了仇。现在，他满怀悲愤地怀念着本可以做他的向导、导师和领袖的席勒。

---

① 卡尔·韦伯（1786—1826），德国作曲家，指挥家，作家，将爱国诗人科尔纳的战歌《琴与剑》改编成一组浪漫主义声乐套曲。

② 考茨布（1761—1819），极为多产的德国通俗作家，创作了包括《德国小市民》在内的两百多部戏剧作品。在他创办的《文学周报》上，对席勒、克莱斯特、施莱格尔等天才作家，以及对兄弟会的自由与爱国思想多有抨击和讥讽。生前最后几年任俄国大使馆总领事，被兄弟会激进成员桑德刺杀于德国曼海姆。

　　"这就是那些有所预感的大学生们的厄运：他们找不到他们需要的导师。他们之间逐渐失去信任，意见不一，互相不满。种种不幸的不利遭遇很快暴露出他们中间缺少一个超越这一切纷争的天才。并且，那个神秘的血腥行动在显露令人惊骇的力量之外，也显露了这种缺陷的令人惊骇的危险性。他们没有首领，因此，他们走向了灭亡。

　　"我再重复一遍，我的朋友！所有的教育始于今天人们所称颂的'学术自由'的反面，始于服从，始于顺从，始于规矩，始于服务精神。就像伟大的领袖需要志同道合的伙伴，应被领导的人也需要领袖。在这里，在对众人的秩序井然的领导中，体现出一种互相的调节校准，一种所谓

的'前定和谐'①。这种永恒的秩序是事物依据自然
的重力所不断追求的目标，却也正是现今坐在宝
座上的文化竭力想要破坏和消灭的对象。这种文
化想要逼迫领导者做它的仆役，或者消磨他们的
意志与体力。它埋伏袭击那些应被引导的人，在
他们寻找自己命定的向导之时，用迷惑人的手段
麻痹他们的寻找本能。但是，当那些命定要在一
起的人们历经血战、最后身负重伤地找到彼此时，
便有一种深深的激动与幸福的感觉从他们心中涌
起，仿佛听到一段永恒的弦音缓缓响起。关于这
种感觉，我只想用一个譬喻让你们去揣摩。

"你们有没有在一次排练中留心观察过由德

---

① "前定和谐"是德国近代哲学家莱布尼茨的重要哲学概念之一。莱布尼
茨认为，万物由"单子"构成，单子因其绝对单纯而无部分，没有"窗子"
可供出入，因而彼此不能互相影响、互相作用；但宇宙万物却互相协调，
构成一个和谐的总体，犹如乐队成员各自演奏预先谱就的旋律，整个乐
队便奏出和谐的交响乐曲。

国交响乐团成员组成的、奇特的、萎靡的、好脾气的一类人？这是任性的'形式'女神多么变幻无常的表演！这是怎样的鼻子和耳朵！多么笨拙的全身骨头打战的动作！想象一下，倘若你们是聋子，压根儿没有梦想过声音和音乐的存在。你们把一场交响乐团的演出纯粹当作一组杂耍艺人的雕像来欣赏，完全不受声音的理念化效果的干扰。那么，你们将会看不够这出中世纪粗俗版画风格的滑稽剧，看不够这种对'智人'①的无伤大雅的戏仿。

"现在想象一下，你们对音乐的感知力又回来了，你们的耳朵打开了，看到了交响乐团的高处那一位举止合宜的可敬的指挥。那些人的滑稽

---

① 拉丁语 homo sapiens。生物学意义上的智人是人属下的唯一现存物种，属哺乳纲灵长目人科人属。晚期智人大约从距今 4 万至 5 万年前开始出现，是解剖结构上的现代人。

感不复存在，你们能听见了。但是你们感觉，那个可敬的指挥身上的无聊气息仿佛已经传到了他的伙伴那里。你们现在能看到的只有萎靡不振、软弱无力的东西，能听到的只有模糊的节奏、平庸的旋律和庸俗的意味。整个交响乐团在你们眼中变成了无足轻重、令人生厌，甚至是让人作呕的乌合之众。

　　"最后，用活跃的想象力把一个天才，一个真正的天才，放到这群人的中间吧，你们立刻觉察到了某种难以置信的东西。就好像这个天才以闪电般的灵魂游转，进入了所有这些死气沉沉的躯体，就好像在他们所有人身上只有同一只鬼魅般的眼睛在左顾右盼。现在你们听吧，看吧，你们永远都听不够！当你们现在再次观看那雄伟激昂或哀怨动人的交响乐演奏，当你们感觉到每一块肌肉的敏捷的紧绷，每一个姿势的必然的节律，那么你们就会感同身受，什么是引导者与被引导者之间的前定和谐，以及在精神王国里，一切是如何迫切寻求建立类似的秩序。通过我的譬喻，你们即可明白，我所理解的真正的教育机构是什么，以及我为何在大学里丝毫看不到这样一个教育机构的存在。"